LE BEAUCERON

Pierre Legatte et Jean-Luc Vadakarn

LE BEAUCERON

EDITIONS DE VECCHI S.A.
20, rue de la Trémoille
75008 PARIS

Malgré l'attention portée à la rédaction de cet ouvrage, l'auteur ou l'éditeur ne peuvent assumer une quelconque responsabilité du fait des informations proposées (formules, recettes, techniques, etc.) dans le texte.
Il est conseillé, selon les problèmes spécifiques – et souvent uniques – de chaque lecteur, de prendre l'avis de personnes qualifiées pour obtenir les renseignements les plus complets, les plus précis et les plus actuels possible.

En couverture : en haut, chiots Beauceron, élevage de la Cité des Grands Feux (photo agence APL/Scotch) ; en bas, Ebène de la Vivaline des Landes de Gascogne, Ch. E. BT, Recom., prop. M. et Mme Lépin (photo Herreros)

Sommaire

Introduction

Parmi les chiens qui nous sont présentés lors des concours de travail, le Beauceron a toujours attiré notre attention. Sa puissance et sa retenue, sa rigueur, son élégance, son dévouement ont de quoi séduire. Depuis une centaine d'années, il le fait sans tapage, dans différents domaines d'utilisation tout en restant, aujourd'hui encore, la meilleure race bergère française sur troupeau. S'il se tient hors de tout courant de mode (et ce faisant il est indémodable), à ce chien est attaché un style. On dit un *beauceronnier* comme on dit un *veneur*, comme s'il s'agissait d'une confrérie un peu à part chez les amateurs de chiens. C'est que le Bas Rouge ne plie pas, il partage, si toutefois il a en face de lui un maître sûr de lui, juste, calme et cohérent, qui s'accorde à sa propre personnalité faite d'énergie, de courage et d'intuition. De cette adéquation naît ce style rude sans être grossier, sobre sans être froid, commun à tous les amis de cette race. Pas d'esbrouffe avec le Beauceron, la race n'a que faire du paraître. Souhaitons à ce gentilhomme-berger qu'il garde toujours les qualités que ses inconditionnels ont su si intelligemment préserver. Parmi eux, qu'il nous soit permis de remercier ceux qui ont prêté leur concours à la constitution de la partie iconographique de ce livre ainsi que Muriel Trichet pour ses croquis et dessins.

Pierre Legatte
Jean-Luc Vadakarn

Origine-évolution

On pourrait commencer l'historique de la race beauceronne comme on le fait pour toutes nos vieilles légendes : il était une fois. Il était une fois un pays de forêts, de marais et de grandes plaines parcouru par des loups et dans ce pays, le nôtre, des hommes sages, silencieux et solitaires, poussant leurs troupeaux de l'aube au crépuscule.

Jusqu'au XIXe siècle, les chiens de bergers ont eu pour rôle essentiel d'assurer la protection de leurs maîtres et de leurs biens, bêtes à laine ou à cornes. Ce sont des chiens courageux, massifs, attachés à l'homme, jaloux de leurs territoires dont ils écartent tout intrus et, s'il le faut, par la force. On retrouve aujourd'hui ce type de comportement dans certaines races connues dont on recherche à nouveau les aptitudes non plus pour protéger les troupeaux des loups ou des ours, mais pour les protéger des chiens errants et malheureusement des hommes[1]. Il n'y a pas, ou peu de dressage, ces animaux fiers prenant leurs distances. On se fie uniquement à leur instinct et leur amitié. Ils suivent le troupeau, se couchent quand il s'arrête et l'oreille aux aguets, ils observent les alentours. A la moindre alerte, ils sont debout, grognent, le poil hérissé.

Les bergers vivent jour et nuit avec les bêtes dont ils ont la charge et toute l'année bien sûr, pas de congés payés. Les mieux lotis couchent dans la bergerie ou l'étable, les autres dans des roulottes et mê-

[1] Montagnes des Pyrénées, Komondor, Maremme-Abruzze et quelques autres.

Le Beauceron, chien de troupeau par excellence

me, dans certaines régions, dans une sorte de sarcophage à brancards que l'on déplace au gré du pâturage. A ce rythme, hommes et animaux parlent le même langage et la connaissance du berger est telle qu'il n'est guère besoin d'un auxiliaire pour la conduite du troupeau à travers champs. La voix et la houlette avec laquelle il lui arrive d'envoyer une poignée de terre aux retardataires suffisent à maintenir les bêtes groupées. Le berger les suit et tout son art consiste à les pousser là où il le juge bon sans qu'elles s'en aperçoivent. Ce ne sont jamais de gros troupeaux. Cent brebis représentent une fortune.

Dans les grandes plaines céréalières, autour de l'Ile-de-France, les moutons valorisent les sous-produits des cultures – paille, balles et menus grains –, pâturent les chaumes et les bords de route et sont présents dans toutes les fermes, entretenus plus pour leur laine d'ailleurs que pour la viande de leurs agneaux, mais également pour le fumier des bergeries et les fumures des parcs. Cette fertilisation naturelle des champs est un surcroît de travail pour le berger. A la belle saison, les troupeaux sont clôturés la nuit au moyen de claies en bois dans un parc que l'on déplace deux fois. Une première fois à minuit,

*(*Photo : *Vos chiens magazine)*

*Daho, propriétaire M. Plisson (*Photo : *Vos chiens magazine)*

une deuxième le matin. Les déjections engraissent la terre qu'on laboure à l'automne. Sauf dans le Sud-Est où ils tiennent une place sociale particulière aux civilisations méditerranéennes, les pâtres ne jouissent pas d'une très grande considération. On leur préfère les laboureurs : palefrenier ou toucheur de bœuf. En France, le mouton, la chèvre et ceux qui s'en occupent, y compris les chiens, n'éveillent que très peu d'intérêt. Le berger est pris pour un simple, le moutonnier est roturier. Ces réflexions sur les mentalités ne nous éloignent pas de notre sujet, elles expliquent :

- que nous n'ayons pas en France de race bergère absolument sélectionnée pour la conduite des troupeaux ;
- que nous ayons eu un tel retard dans nos méthodes de dressage du chien de berger par rapport à d'autres pays (retard presque rattrapé) ;
- que les utilisateurs, premiers concernés, aient eu et ont encore si peu d'emprise sur les races qu'ils utilisent.

A partir du XVIIIe siècle, la mission du chien va lentement évoluer. Avec la révolution industrielle, les villes dépeuplent les campagnes, il faut acheminer du bétail en grand nombre vers les abattoirs. L'agriculture se modernisant, les surfaces de pâtures et la jachère diminuent, de même que la main-d'œuvre. On commence à rechercher des chiens malléables, c'est-à-dire capables d'apprendre et de se plier à une certaine discipline mais qui, en raison du type de manœuvres exigées et du genre de bétail, doivent être des chiens tenaces et travaillant au « contact ». Il s'agit, pour les marchands et les grands éleveurs qui convoient eux-mêmes leur cheptel, de faire circuler sur des routes des lots d'animaux disparates et pour les bergers salariés de garder « au carré » en protégeant les cultures. Alors qu'en France les animaux sont tenus et développent un instinct grégaire poussé, au Royaume-Uni, l'élevage extensif en semi-liberté sur de grandes surfaces rend les bêtes farouches et indépendantes. De ces deux types d'élevage et de faire-valoir de la propriété foncière (très morcelée en France) naîtront deux types de chiens différents et même opposés : le *Border Collie* et le *Beauceron.*

Les chiens de berger de cette époque sont encore proches des molosses protecteurs des siècles précédents. Comment s'opère la sélection ? Empiriquement. On choisit des reproducteurs plus légers parce que plus véloces dans lesquels se trouvent très certainement des ancêtres chasseurs, y compris des Barbets. Sur les foires, ou de ferme en ferme par le bouche à oreille, on échange un chiot contre un panier d'œufs ou à charge de revanche.

On veut à tout prix qu'il ait existé des types canins différents d'une région à l'autre.

Chien de ferme, ancêtre du Beauceron dans les années 1890

S'il est vrai que l'on trouve dans le Nord des chiens à oreilles droites et poil court ressemblant vaguement au Picard actuel et autres convoyeurs de bestiaux à la Villette, à robe noire panachée de fauve présumés ancêtres du Beauceron, on trouvera les mêmes types en Alsace, en Savoie ou dans le Roussillon. A la fin du XVIIIe siècle, on est obligé de constater que le chien de berger français est une population au sens écologique du terme, c'est-à-dire un ensemble d'individus pourvus de quelques traits communs, comme il existe encore aujourd'hui, par exemple dans le Rouergue ou la Provence, des souches bergères plus ou moins homogènes dans leur phénotype (aspect extérieur) et leurs aptitudes. Les races, beauceronne ou briarde, sont un pur produit de l'arbitraire humain qui décide de favoriser tel ou tel caractère au détriment d'un autre. C'est ainsi que notre Beauceron pourrait être aujourd'hui un colosse de 70 cm de couleur grise car lorsqu'en 1897 on rédige le premier standard de la race, force est de constater que cette population a toutes sortes de tailles et de teintes, c'est pourquoi on peut y lire :

– taille : 60 à 70 cm à l'épaule ;
– teintes : noir-noir et feu fauve charbonné gris avec taches noires.

La sélection du Beauceron commence donc il y a environ un siècle. En 1896, quelques fervents du chien de berger se réunissent dans la grande salle du marché de la Villette, à l'initiative de M. Sauret, un industriel du drap et propriétaire foncier. Il s'agit de l'inspecteur général au ministère de l'Agriculture, M. Menaut, d'un professeur de zootechnie à l'Ecole vétérinaire de Maisons-Alfort, M. Paul Dechambre, du directeur du Museum d'histoire naturelle, M. Milne Edwars, du directeur et du vétérinaire sanitaire du marché de la Villette, MM. Bertaux et Teyssandier et de sept gros propriétaires ou fermiers possédant du cheptel : MM. Boulet, Benard, Brandin, Bizouème, Roussile, Triboulet et Sevrette. De bergers... point. Simple constatation. Si ceux-ci avaient été réellement associés à l'entreprise naissante qui allait porter le nom de Club français du Chien de Berger, il est certain que nos races beauceronne, briarde et picarde seraient aujourd'hui fort différentes : incapables certainement de se défendre sur les terrains de ring car l'on aurait cherché à les débarrasser de tout mordant – à prise tenue –, sensiblement plus petites, 55 cm au maximum pour qu'elles soient plus mobiles qu'elles ne le sont[1], mais plus hautes en couleur, ce critère n'étant pas pertinent sur le plan du travail. Il est certain aussi que l'on ne se serait pas enlisé dans des querelles d'école sur le charbonnage ou le double ergot, par exemple, mais que l'on aurait favorisé tel trait de caractère ou telle aptitude strictement bergère.

Quoi qu'il en soit, le premier travail de cette commission qui se transforme en Club, est de classer les races françaises en deux catégories : les *chiens à poil long* sont nommés *Bergers de Brie*, les *chiens à poil court, Bergers de Beauce*. Fondée en 1882, la Société centrale canine a déjà enregistré au « Livre des origines français (LOF) des « chiens de berger de Beauce », le premier étant Bergère de la Chapelle née en 1891, produite par M. Georges Decrossy, lice plusieurs fois primée en exposition et qui obtint le titre de « Championne de beauté ». Les critères d'inscription sont, à l'époque, assez flous, le standard composé en 1897 (six ans après l'inscription de Bergère) va s'efforcer de les définir.

[1] Les Briards étaient à l'origine des chiens de petite taille. Le premier standard (1896) stipulait d'ailleurs : 55 à 65 cm.

Apparence générale

Chien de forte taille, très solide et puissant, bien charpenté et bien musclé. Ergoté double aux deux pattes de derrière.

Taille

60 à 70 cm à l'épaule.

Tête

Longue, front plat, cassure du nez peu marquée, museau ou face allongé, nez toujours noir.

Dents

Fortes, blanches, s'adaptant parfaitement.

Poitrine

Profonde et large, bien descendue.

Dos

Droit, croupe peu inclinée.

Pattes

Bien musclées, forte ossature, aplombs réguliers.

Pieds

Forts, ongles noirs, sole dure.

Queue

Entière, formant un crochet à l'extrémité, portée bas de préférence.

Oreilles

Courtes, non tombantes si elles sont laissées naturelles, portées droites si elles sont coupées.

Poil

Ras à la tête, court, gros et dur, mais lisse sur le corps, les fesses et la queue très légèrement frangées.

Couleur

Noir, noir et feu (Bas-Rouge), fauve, charbonné, gris, gris avec taches noires (danoisé). Pour le travail, la couleur la plus foncée est la préférée.

Défauts graves entraînant la disqualification

Poil long à la face, absence de doubles ergots, queue coupée, nez clair, œil vairon (sauf pour les danoisés), poil ébouriffé.

Le Club français du Chien de Berger va œuvrer pour le Beauceron (et les autres races) jusqu'en 1939. Plus qu'un club de race, comme on l'entend aujourd'hui, cette association est de par ses statuts une société d'encouragement agricole comme il en existe tant d'autres en cette fin du XIXe siècle car l'agronomie connaît un essor très important. On se passionne pour la génétique appliquée à la sélection du bétail, pour toutes les nouvelles techniques nées de la mécanisation, on est convaincu d'entrer dans une ère nouvelle de progrès dus aux sciences. Flaubert a décrit admirablement cette curiosité parfois naïve dans *Bouvard et Pécuchet.*

Le Club a pour but d'« encourager par tous les moyens possibles l'amélioration, l'élevage et le dressage de nos races si utiles de chiens de berger français, collaborateurs indispensables de la ferme, en même temps que fidèles gardiens, et récompenser les meilleurs bergers :

- en organisant des concours de chiens de berger au travail et des expositions ;
- en vulgarisant par la gravure les beaux types, en y ajoutant la description de chaque variété afin de faciliter le choix des reproducteurs et de renseigner les éleveurs ;
- en invitant ses adhérents à faire inscrire leurs élèves bien typés au « Livre des origines français (LOF), afin de faire connaître » aux amateurs les chiens de race suivie ;
- en invitant toutes les Sociétés d'agriculture et les Comices agricoles à récompenser dans leurs assises annuelles les chiens de berger et de bouvier ;
- en récompensant les bergers qui ont accompli de bons et loyaux services chez leurs maîtres ou dans la même exploitation ;
- en engageant les Sociétés d'agriculture à nommer une commission chargée d'inspecter les bergeries dans leur circonscription et de récompenser les bergers dont les troupeaux seront trouvés les mieux soignés et les bergeries les mieux tenues ».

Tâche difficile que celle du Club français du Chien de Berger et dont il est impossible de mesurer l'impact car il se crée parallèlement, en 1909, le Club des amis du Briard à l'initiative d'un éleveur de Briards, juge de la SCC, M. Lamarque, et en 1911, à l'initiative d'un éleveur de Beauceron, M. A. Siraudin, le Club des amis du Beauceron. Les races françaises, le Beauceron en particulier, prennent d'autres directions et en 1939, le Club français du Chien de Berger disparaît.

Entre 1884 et 1994 éleveurs amateurs et clubs ont façonné les races bergères françaises par touches successives. (En 1884, un berger de Beauce nommé *Moustache* remportait la médaille d'or à l'exposition canine de Paris. Il était gris et mesurait 57 cm. C'est dire le chemin parcouru). Ces modifications ont porté :

- sur le type, la population de départ a, semble-t-il, une tête de loup (lupoïde) à museau fin ;
- sur la robe et la teinte ;
- sur le poil, ce qui a probablement donné naissance au Briard car il paraît peu plausible que le Beauceron soit plus issu du Mâtin que le Briard, l'un et l'autre ont une même origine ;
- sur la taille et les doubles ergots.

Sur ces deux derniers points, on a prêté aux bergers des convictions fantaisistes. Le double ergot n'a jamais fait d'un chien un bon chien de travail, il a servi un temps à faire la distinction dans les fermes entre les chiots issus du *chien de chasse* et celui issu du *chien de troupeau*. Sa position sur le canon, sa forme et autres détails ont toujours été sans signification pour le professionnel qui sourit lorsqu'on lui rapporte que certains cynophiles y virent un moyen pour le chien de ne pas s'enfoncer en terrain meuble. Comme l'écrivait le Pr Bouchet cité par le Dr Luquet dans son ouvrage sur les chiens de berger français[1] « L'ergot ne saurait constituer un signe, une caractéristique de race ; il ne serait qu'un caractère secondaire... C'est par une ignorance des choses de la biologie que l'on a voulu voir dans l'ergot simple ou double un signe de race ». Le double ergot chez le Beauceron n'est que la survivance d'une coutume encore vivante aujourd'hui malgré les vœux du Club français du Chien de Berger.

Quant à la taille, ce n'est pas un berger qui a dit « Le chien doit dominer le troupeau pour pouvoir promener horizontalement sur lui un regard vigilant », mais un cynophile distingué, juge de surcroît qui n'a pas fait de révélation sur la taille que doit avoir un Beauceron travaillant sur bovins. Citons encore une fois le Dr Luquet : « Les éleveurs qui dressent des "autels" à la taille élevée sont dans l'erreur pour cette race qui doit avant tout être alerte, pétillante, vive, pleine de feu et de sang car c'est dans les petits formats que se recrutent les débrouillards. »

En cent ans, le standard du Beauceron aura été cinq fois modifié :

- 1896, grand flou, une marge de 10 cm entre le maximum et le minimum autorisés, sans qu'il soit fait de distinction entre les sexes. On trouve donc des chiennes de 70 cm au garrot ;
- 1911, on va plus loin en tolérant 2 à 3 cm au-dessus du maximum pour des chiens vraiment beaux, on arrive à 73 cm ;

[1] De Vecchi, Paris, 1982.

- 1923, on fixe des limites : 58 à 68 pour les chiennes, contre 60 à 70 cm pour les mâles ;
- 1955, on relève la taille moyenne en rehaussant les minima : 63 cm pour les chiens, 61 pour les chiennes ;
- 1965, afin d'homogénéiser la race, il est décidé de fixer un idéal et d'abandonner les fourchettes trop larges, le standard est donc révisé, mais ne sera applicable qu'en 1972. La taille recherchée est donc aujourd'hui de 67 cm avec une tolérance de 3 cm en plus et 2 cm en moins pour les mâles (65 à 70 cm), et de 65 cm pour les femelles avec une tolérance de 3 cm en plus et 4 cm en moins (61-68 cm).

La multiplicité des robes a été totalement abandonnée, on peut déplorer que les fervents du noir et feu l'aient emporté, il est possible que l'on ait de cette manière réduit la richesse, la variété génétique de la race en question.

En 1965, devenues très rares, les robes grises, les robes fauves et les noires-noires sont éliminées du standard. En revanche, il est curieux que l'on ait gardé la robe « arlequin » que le Dr Luquet définit comme étant une « robe à fond gris tachée de noir avec des feux de couleur atténuée » s'agissant d'un gène « blue-merle » cause d'inquiétudes dans d'autres races.

Parmi les autres points d'évolution induits par les sélectionneurs, il faut citer le *poil* et faire une place particulière aux *oreilles* : à valeur égale, on donne aujourd'hui l'avantage au chien ayant les oreilles coupées. On attribue cette coutume aux bergers. L'origine est exacte, elle se justifiait du temps où les chiens combattaient les loups et les ours – afin que ceux-ci aient moins de prise possible à la tête, le cou étant protégé par un collier à clous. Cependant, à la naissance de la race, il n'y a plus ou presque plus de loups et encore moins d'ours. On peut donc être étonné que l'habitude ait perduré, d'autant plus qu'elle ne fut pas une pratique aussi courante qu'on le dit, qu'elle se faisait avant tout sur les molosses protecteurs des troupeaux et dans certaines régions seulement. Dans un avenir plus ou moins proche, il faudra, les règlements européens le voulant, reconsidérer ce souci d'esthétique, qui n'est peut-être pas le fait d'utilisateurs, une partie des opérations de « convenance » devant être interdites.

En ce qui concerne le poil, hormis une courte période (autour de 1900) où pour des raisons plus ou moins obscures, on vit produire des sujets au poil ras et fin, le cap fut maintenu, partant d'un poil dur demi-long au sous-poil abondant, au poil tel qu'il est connu maintenant : court, gros et ferme, de 3 à 4 cm de long sur le corps, présentant un sous-poil dense, mais très court qui en fait un chien facile d'entretien, mais capable de supporter les intempéries auxquelles son travail l'expose.

Le Club des amis du Beauceron a aujourd'hui quatre-vingt-sept ans. Il faut reconnaître à cette association qu'elle a su se garder des modes et diriger sa sélection de façon rationnelle. Si la demande en Beaucerons n'est pas particulièrement fracassante, elle n'est pas non plus confidentielle et elle se place au 20e rang sur 280 des demandes de chiots parvenues à la SCC en 1997. Cette même année, la SCC inscrivait 3 969 petits Beaucerons, soit plus que l'ensemble des chiots des races bergères françaises[1], au nombre de 2 489 pour 1997.

[1] Brie, Pyrénées, Picard.

Standard officiel

Apparence générale

Chien de forte taille, solide, rustique, puissant, bien charpenté et musclé, sans lourdeur. Abord franc, sans peur.

Pénalisation : manque de rusticité, de puissance, craintif.

Disqualification : manque de type, trop lourd, trop faible, dangereux ou peureux.

Taille

Mâle : 0,65 à 0,70 m.
Femelle : 0,61 à 0,68 m.

Disqualification : taille en dehors des limites maxima et minima.

Tête

Longue, 2/5 de la hauteur au garrot, il faut que la tête soit proportionnée au corps.

Crâne

Plat ou légèrement arrondi d'un côté à l'autre ; sillon médian peu accusé, crête apparente au sommet du crâne, très bien ciselée, avec lignes harmonieuses, mais sans faiblesse.

Stop (ou cassure du chanfrein)

Peu accusé à égale distance du bout du nez et du sommet du crâne,

LES REGIONS DU CORPS

1. crâne - 2. stop - 3. truffe - 4. nez - 5. commissure - 6. fanon - 7. omoplate - 8. bras - 9. avant-bras - 10. canon - 11. doigts - 12. pelote carpienne - 13. coude - 14. ventre - 15. fourreau - 16. jambe - 17. doubles ergots - 18. doigts - 19. jarret - 20. fouet - 21. croupe - 22. rein - 23. dos - 24. garrot - 25. encolure

TETE IDEALE

la longueur du crâne est égale à la longueur du chanfrein et à la plus grande largeur du chanfrein

*Etude de la tête d'un Bas-Rouge (*Photo : Duprat*)*

chanfrein non busqué, mais cependant très légèrement convexe vers l'extrémité, vu de profil, os nasal sensiblement parallèle à l'os frontal vu de profil.

Museau

Ni étroit ni pointu, les lèvres doivent être fermées, sèches, toujours bien pigmentées. La lèvre supérieure doit venir couvrir la lèvre inférieure sans ballotter. Elles doivent former à leur commissure un très léger commencement de poche qui doit toujours rester fermée.

Dents

Fortes, blanches, s'adaptant parfaitement (en lame de ciseaux). Les dents de la mâchoire supérieure

ARCADES DENTAIRES D'UN CHIEN ADULTE

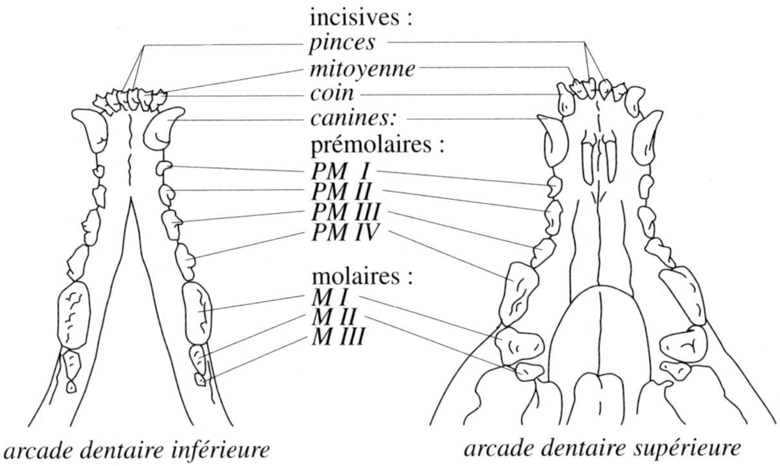

DENTURE D'UN CHIEN ADULTE

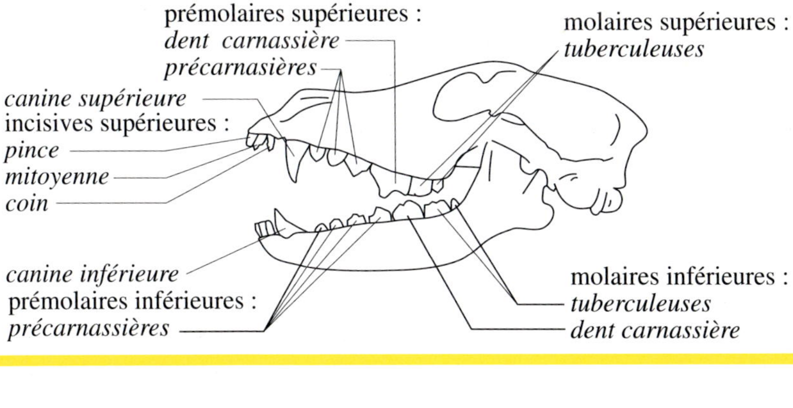

Horace du Tienne Saint-Gilles. Prod. M. Giannone, propr. M. Delillemont

couvrent les dents de la mâchoire inférieure, sans jamais perdre le contact. La mâchoire doit être complète, il y a lieu cependant de tenir compte du rôle fonctionnel de chaque région dentaire.

Nez

La truffe, en rapport avec le museau, ne doit être ni étroite ni trop volumineuse, cependant bien développée, jamais fendue, toujours noire et jamais en avant des lèvres. Vue de profil, elle doit toujours être dans le prolongement des lèvres supérieures.

Œil

Horizontal (la tête étant supposée être portée horizontalement), il doit toujours être foncé, jamais au-dessous de noisette foncé, même si les feux sont clairets ; toujours de forme ronde, seule l'ouverture palpébrale change avec les races et pour le Beauceron, elle doit être de forme légèrement ovale.

Expression bergère

C'est-à dire franche, jamais ni méchante, ni peureuse, ni inquiète.

Tête caractéristique d'un Bas-Rouge (Photo : *Vos chiens magazine*)

Horus de la Pointe aux Herbes, propr. Mme Couteau

Oreilles

Haut placées. Si elles sont coupées, elles seront portées droites, non divergentes ni convergentes, pointant légèrement en avant. L'oreille bien portée est celle dont le milieu passe par une ligne imaginaire prolongeant les côtés de l'encolure. L'oreille non coupée doit être non plaquée, mais doit cependant se présenter plate, et plutôt courte ; la longueur de l'oreille non coupée doit être égale à la moitié de la longueur de la tête ; à qualité égale, le chien à oreilles coupées passera avant celui à oreilles longues.

Pénalisation : crâne légèrement trop plat ou trop rond ; stop trop accusé ou pas suffisant ; chanfrein trop busqué, trop fin ou trop fort ; lèvres trop serrées ou pendantes, commissures épaisses et flasques, pas assez pigmentées ; dents cariées, jaunes, absence de :

- 1 incisive ou 1 canine ou 1 molaire : pas de CAC ;
- 2 petites prémolaires : pas d'Excellent ;
- 2 incisives ou 2 canines ou 2 molaires : pas de TB ;
- 3 petites prémolaires : pas de TB ;
- 3 incisives ou 3 canines ou 3 molaires : Insuffisant ;
- 4 petites prémolaires : Insuffisant ;
- truffe pincée, de travers, trop volumineuse, trop avancée ;
- œil oblique, trop globuleux, pas suffisamment ouvert, clairet, expression inquiète ;
- oreilles molles, mal portées si elles sont coupées, trop longues ou papillotées si elles sont longues, mauvaise attache.

Disqualification : tête pas assez typée, trop petite ou trop lourde ; manque de stop ou trop prononcé ; boîte crânienne trop petite ; chanfrein fluet ou trop court ; lèvres trop développées, flottantes, dépigmentées ; prognathisme inférieur ou supérieur ; manque de molaires ou dentition trop incomplète ou défectueuse ; impossibilité d'examiner la dentition ; truffe fendue, de teinte autre que noire ; œil trop clair, de mauvaise conformation ; oreilles ne répondant pas à la description.

Corps

La conformation du berger de Beauce est celle d'un *médioligne*, c'est-à-dire construit harmonieusement sans qu'aucune de ses régions n'ait d'exagération ni en raccourcissement ni en allongement. La longueur du corps, de la pointe de l'épaule à la pointe de la fesse, doit être supérieure à la hauteur au garrot de 1 à 1,5 cm pour le mâle, 1,5 à 2 cm pour la femelle, encolure musclée et bien fondue avec les épaules portant fièrement la tête, poitrine large, haute et profonde, périmètre

CONFORMATION (D'APRES LE DR LUQUET)

a

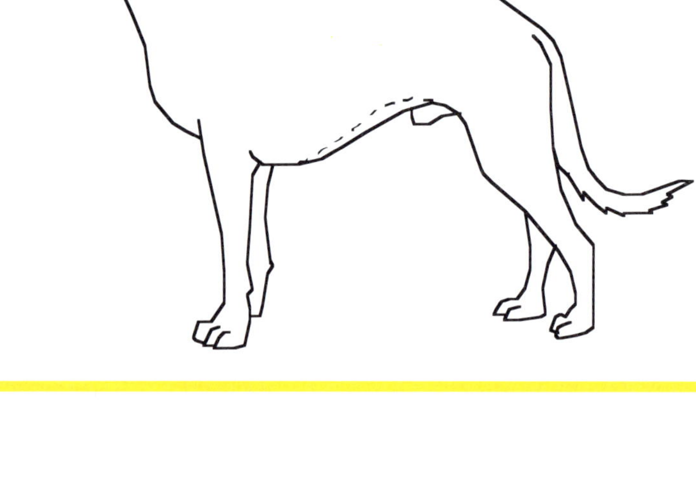

b

c

a) normale
b) dos ensellé - ventre descendu
c) dos ensellé - ventre levretté - poitrine insuffisamment descendue

thoracique supérieur de 1/5 à la hauteur au garrot, sternum descendant jusqu'à la pointe du coude, fausses côtes longues et souples, épaule oblique et moyennement longue, dos droit, garrot bien marqué, rein large et bien soudé, croupe peu inclinée et seulement dans le sens de l'attache de la queue, grasset pas trop angulé, jambe un peu portée en arrière, jarret fort, descendu (pas trop près de terre, situé aux environs du quart de la hauteur du chien au jarret) formant avec la jambe un angle bien ouvert, canons postérieurs bien d'aplomb légèrement en arrière de la pointe de la fesse, avant-bras musclés et nets, membres antérieurs et postérieurs bien d'aplomb (vus de profil, de face et par derrière).

Pénalisation : corps pas assez long ou trop ; encolure grêle ou épaisse, fanon, poitrine légèrement étriquée, légèrement faible ; épaule légèrement droite ou trop couchée, croupe un peu trop inclinée ou trop

Alfa des Sources de l'Agly, titulaire du TANT, propr. M. Trebaol

Crazie de la Forêt Villana. Prod. M. Volper, propr. M. Giannone

droite, angulations légèrement défectueuses.

Disqualification : manque de coffre, poitrine trop cylindrique. Trop de boyaux ou trop levretté. Longiligne ou bréviligne. Disharmonie entre les régions. Angulations défectueuses. Monorchidie, cryptorchidie ou testicules atrophiés, etc...

Queue

Entière, portée bas, descendant au moins à la pointe du jarret, sans déviation, formant un léger crochet en forme de J.

Pénalisation : légère déviation, crochet un peu serré ou queue de vache.

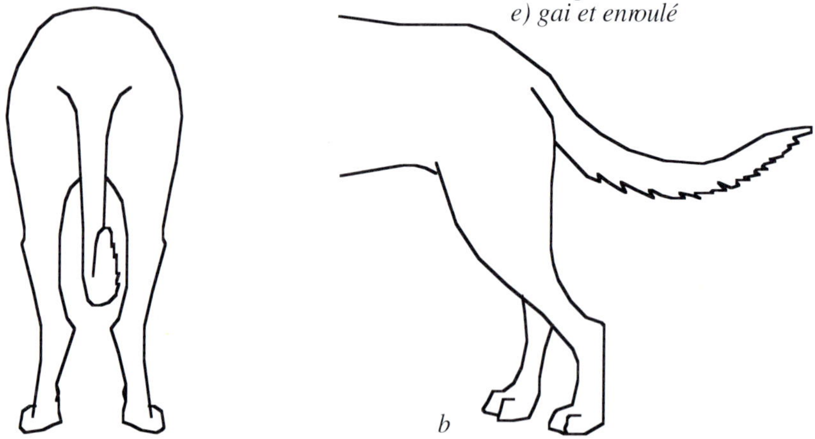

Disqualification : écourtée, roulée sur elle-même ou sur le dos, crochet trop serré, queue niquetée.

Poil

Ras sur la tête, fort, court, gros, ferme et couché sur le corps de 3 à 4 cm de long, les fesses et le dessous de la queue légèrement, mais obligatoirement frangés. Sous-poil de couverture existant, le sous-poil très court, fin, dense et duveteux, de préférence gris souris, très serré, ne doit jamais apparaître au travers du poil de couverture.

Pénalisation : poil trop long en tête, franges pas assez fournies ou de teinte trop claire, poil trop plaqué ; poil ayant tendance à onduler (il y a tendance à ondulation quand le poil présente sur toute sa longueur de très légères sinuosités tout en restant couché) ; dans ce cas, il y a lieu de mentionner : « a tendance à onduler ».

Disqualification : tête trop poilue, poil trop court ou trop long, absence de franges, absence de sous-poil ou sous-poil apparent dans la couverture, poil trop fin, ébouriffé, ondulé. Le poil est « ondulé » quand il n'est ni frisé, ni lisse, ni plat.

Pieds

Forts, ronds, ongles toujours noirs, sole dure, mais élastique.

APLOMBS AVANT

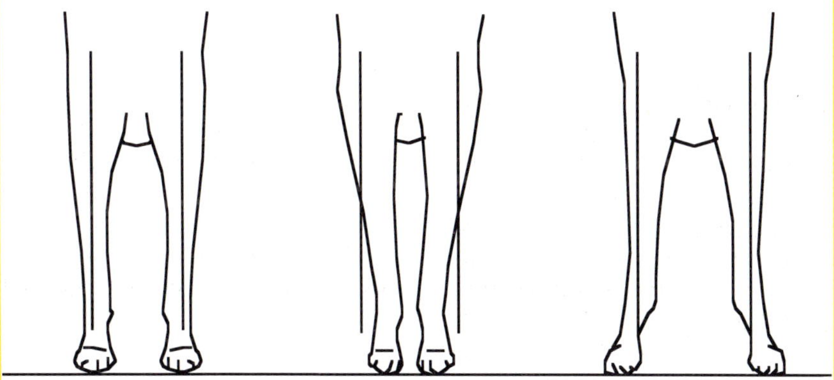

APLOMBS ARRIERE

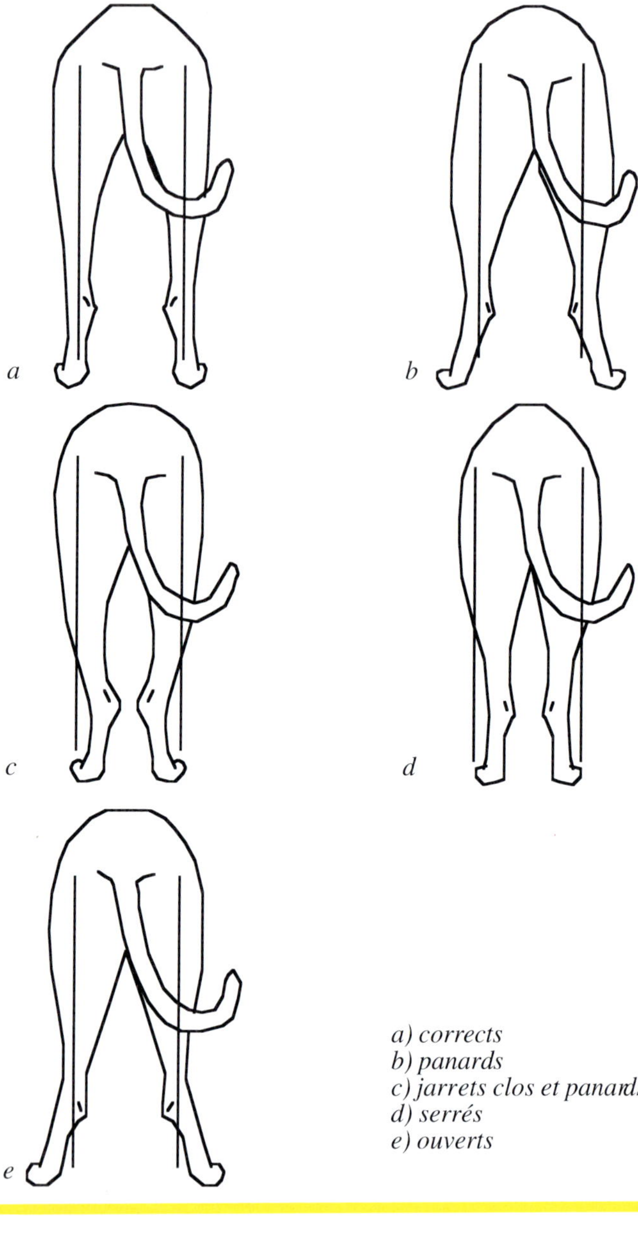

a) corrects
b) panards
c) jarrets clos et panards du bas
d) serrés
e) ouverts

APLOMBS REGULIERS VUS DE PROFIL (D'APRES LES DRS QUEINNEC ET LUQUET)

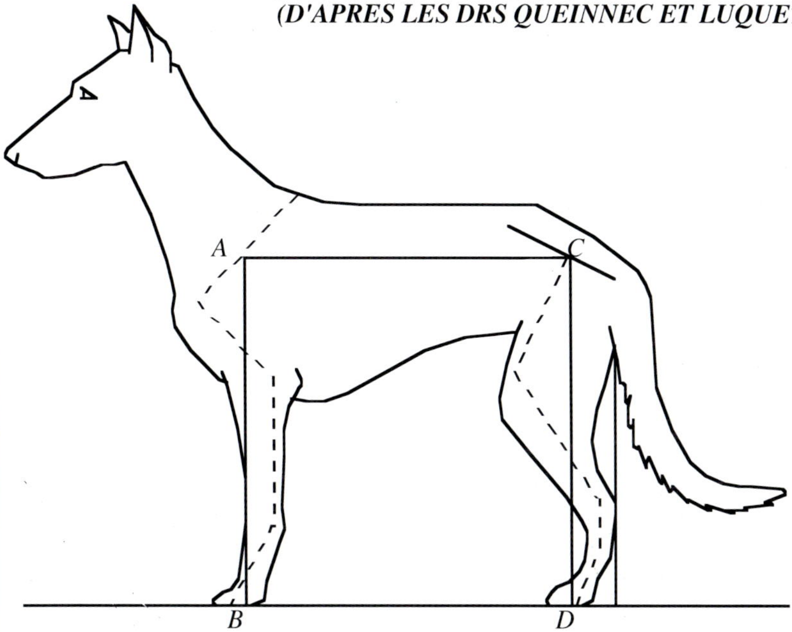

– la perpendiculaire A-B doit passer du milieu du bras au milieu du pied
– la perpendiculaire C-D doit passer de l'articulation de la hanche au milieu du pied

Pénalisation : pieds insuffisamment compacts, sole trop fine ou manque d'élasticité.

Disqualification : pieds écrasés ou ne permettant pas un travail normal.

Ergots

Ergot double aux membres arrière placé à l'intérieur, formant des « pouces » bien séparés l'un de l'autre, tout près du pied. (La justification étant une surface portante plus grande.)

Pénalisation : ergot double placé trop haut sur le membre ou représenté par deux moignons superposés, ergot double aux membres avant.

Disqualification : ergoté simple ou pas du tout.

Couleur

• ***Noir et feu* :** (bicolore) bas-rouge, la couleur noire fortement franche, la couleur des feux doit être rouge écureuil ; les marques feux se trouvent en pastilles au-dessus des yeux, sur les bas-côtés du museau allant en diminuant sur les joues, sans jamais atteindre le dessous de l'oreille; à la poitrine deux taches sont préférées au plastron, la gorge, sous la queue. Sur les membres, les feux sont étendus aux pieds, aux poignets, se perdant progressivement en montant un peu plus haut à l'intérieur des membres sans toutefois envahir plus du tiers des membres, quelques poils blancs au poitrail sont tolérés.

• ***Arlequin*** gris noir et feu (tricolore), la robe est en parties égales gris et noir, disposées par taches ou plus noir que gris, les feux occupant les mêmes endroits que pour les bicolores.

Cathare du Grand Moleta, jeune chienne arlequin

Hélios de Genevayse (mâle) et Fidji (femelle), propr. Mme Patel

Alice et Anna, deux championnes de France, élevage de la Pointe aux Herbes

Pénalisation : teinte noire pas suffisamment franche, feux pas suffisamment fondus dans le noir, feux trop clairs ou trop foncés, marques feux insuffisantes ou trop envahissantes, légère marque blanche au poitrail.
Pour les arlequins, teinte grise trop claire, trop envahissante.

Disqualification : tache blanche au poitrail, feux trop envahissants, marques feux ailleurs qu'aux endroits fixés, marques feux séparées des autres couleurs par une ligne trop distincte.
Pour les arlequins, trop de gris, noir d'un côté, gris de l'autre, gris dans les feux, tête toute grise.
Il y a lieu de pénaliser, suivant l'importance du défaut qui peut conduire à la disqualification, tout ce qui révèle la faiblesse ou la dégénérescence : ainsi le ladre, la dépigmentation, les teintes lavées.

Attitudes

Ce sont des positions naturelles que prend le chien ; il est donc nécessaire de juger le berger de Beauce dans ses positions naturelles. L'exposant peut placer son chien, mais le juge doit, pour les qualifications, retenir les positions naturelles.

Allures

Il est indispensable de juger les allures ; un chien de troupeau ne peut être complètement apprécié à

Eclipse de la Vivaline, Ch. Andorre, 2 ans, aux allures. Prod., propr. Mme Lépine

*Domie, propr. M. Carion (*Photo : *Vos chiens magazine)*

Ebène de la Vivaline, 1 an et demi. Prod. et propr. Mme Lépine

l'arrêt, les allures doivent être souples et dégagées, les membres restant bien en ligne, l'examinateur placé derrière ou devant le chien ; le sujet qui se désunit à l'action sera pénalisé. Les allures sont le *pas*, le *petit trot*, le *trot allongé*, le *galop*. Le berger de Beauce doit avoir un trot allongé.

Pénalisation : mauvaises positions (suivant importance) le chien qui, de ses pattes avant, frappe le sol rapidement et couvre peu de terrain, qui a le trot court, prend le galop à petite allure, marche l'amble.

Disqualification : impossibilité d'examiner les attitudes et allures non bergères.

Caractère

Le caractère doit être sage-hardi; tout chien agressif sans raison, peureux ou manifestant une méfiance exagérée doit être éliminé.

Critères de confirmation

Qualificatif minimum : « Bon » exigé.

LA QUESTION DE LA COULEUR

Un Beauceron, mais deux couleurs. D'abord, les classiques feux sur robe noire qui lui ont donné le surnom de Bas-Rouge, ensuite l'arlequin, autrefois nommé danoisé. Cette dernière robe attire de plus en plus d'amateurs. Son existence aujourd'hui tient un peu du miracle et beaucoup de la passion de quelques beauceronniers, notamment Mme Delaire dont l'étalon Sam est sans doute le père des arlequins actuels. Très rare, peut-être moins d'un pour cent des naissances, il est peu probable que l'éleveur cède un chiot de cette variété à un inconnu, à moins de s'entourer de garanties solides. Comment suivre la lignée autrement ?
La robe arlequin est déterminée par un gène dit blue-merle. *Lorsque l'on accouple deux Beaucerons à robe rouge on obtiendra 100 % de chiots Bas-Rouge. Pas de surprise, du moins en couleur. Mais lorsque l'on accouple un arlequin avec un Bas-Rouge on peut s'attendre à obtenir moitié d'arlequins et moitié de Bas-Rouges. Quant au croisement arlequin par arlequin, il est prohibé, les chiots naissant blancs et atteints de diverses tares.*
Pourquoi l'éleveur tient-il à garder un œil sur ses chiots arlequin ? Parce qu'un chien à robe bas rouge, allié à un Bas-Rouge ne transmet pas le caractère arlequin, même issu d'un parent arlequin. Seuls les arlequins transmettent leur robe, aujourd'hui recherchée. Rappelons que chez ces sujets, l'œil peut être vairon, c'est-à-dire marqué de bleu ou plus clair.

Utah, beau type de Beauceron arlequin et ses petits, dont trois arlequin et deux Bas-Rouges. Prod. M. Flament, propr. M. Giannone

Inscription au LOF, à titre initial : qualificatif « Excellent » exigé.

Les « cousins » du Beauceron

Pourtant, comment confondre notre Beauceron, hormis une vague ressemblance de teinte, noire et feu ?

• Le Rottweiler est ce que le cynologue définit comme un subréviligne, il est plus courtaud, plus massif ; si ses oreilles ne sont pas taillées sa queue l'est, son crâne est large, le museau est plus court, son stop (cassure du nez) très marqué, c'est un molosse athlétique.

• Le Doberman est un sublongiligne, élégant et rapide à ligne de dos inclinée vers l'arrière, oreilles et queue coupées, poil ras. Sa tête donne une impression de finesse, le museau est plus long, pointu si on le compare à notre *Beauceron* qui est médioligne s'intercalant donc entre ses deux « cousins », dans ses proportions générales : ni lourd ni léger, ni long ni court, sa ligne de dos est parallèle au sol, sa queue entière, sa tête moins ciselée que l'un, plus fine que l'autre, c'est un coureur de fond dont l'atout principal est la résistance.

Points de non-confirmation

Type : manque de type, taille sortant des limites du standard : 65 à 70 cm pour les mâles, 63 à 68 pour les femelles. Construction et ossature insuffisantes rendant l'inaptitude au travail. Panardise des membres postérieurs de 150°. Fouet enroulé sur le dos. Manque d'un ergot double.

Robe : couleur et texture non conformes au standard. Tache blanche au poitrail d'une superficie supérieure à 5 cm^2. Œil franchement clair.

Anomalies : monorchidie, cryptorchidie. Prognathisme avec perte de contact, absence de trois dents et plus (sauf PM1).

Caractère : chien très dangereux ou peureux.

LE PEDIGREE

Le pedigree est délivré par la SCC lorsque le chien a douze mois, après examen favorable d'un expert agréé par la SCC et le ministère de l'Agriculture. C'est l'attestation de reconnaissance des origines de Beauceron, définitivement inscrit au LOF, et nécessaire dorénavant pour assurer son rôle de lice ou d'étalon dans le cycle de la reproduction de la race.

Acquérir un Beauceron

On trouve dans la presse spécialisée des annonces qui sont passées par des éleveurs proposant leurs chiots à la vente. Pour le néophyte, celles-ci sont parfois obscures : qu'cntend-on par « excellentes origines » et y a-t-il une différence avec « hautes origines », qu'est-ce qu'un chiot *essorillé* ? Que signifient les abréviations CH.T ou CH.CS ? Que faut-il attendre de parents « recommandés » ou « cotés », d'élevage familial...
On est donc tenté de téléphoner à l'annonceur pour obtenir quelques explications. La discussion risque d'être assez longue.
La solution la plus rationnelle consiste à trouver son Beauceron sur le « terrain ». C'est-à-dire sur les lieux de concours : ring, agility, troupeau, mais également dans les Nationales et les Régionales d'élevage. Lors de ces journées « beauceronnes », vous aurez tout le loisir de rencontrer des férus et des fervents de la race qui se feront un plaisir de répondre à vos questions. Vous apprendrez à mieux la connaître, vous vous familiariserez avec la cynophilie et vous vous forgerez vous-même une opinion sur les plus grands élevages. Le Beauceron a une centaine d'années d'existence. Il est le résultat du travail de plusieurs générations d'éleveurs. On comprend donc qu'il faut un certain temps pour faire sa connaissance. Le Club des amis du Beauceron est également tout prêt à répondre à vos interrogations.
Ce n'est qu'après cette phase d'information que vous aurez éventuellement recours aux petites an-

Elevage de la Pointe aux Herbes : deux générations de championnes

A droite, Ebène de la Vivaline des Landes de Gascogne, Ch. E. BT, Recom. Prop. M. et Mme Lépine

nonces. Eventuellement, car il y a fort à parier que ces rencontres vous auront permis de faire la connaissance d'un éleveur dont la production vous aura séduit.
Le chien étant devenu un bien de consommation courant, il est possible que vous en trouviez sur des foires ou chez les marchands de chiens. Il y a trois types de producteurs.

L'éleveur amateur : amateur est utilisé au sens noble du terme. Il s'agit d'un particulier passionné ou plus exactement d'une famille de passionnés car l'élevage est une passion envahissante, à laquelle on consacre tous ses loisirs et une partie de son budget. En élevage amateur on ne gagne pas d'argent. Dans la plupart des cas on en perd, on sacrifie ses vacances, son jardin pour le seul plaisir de faire naître de beaux et bons chiens que l'on voit toujours partir à regret. Elevés en famille, les chiots, s'ils sont de bonne souche, sont généralement plus sociables que ceux achetés

dans les grands élevages professionnels. D'autre part, l'éleveur suit sa production, il saura vous aider et vous conseiller tout au long de l'existence de votre chien.

Les professionnels : cette activité est de nos jours très surveillée, notamment par la direction des Services vétérinaires. Si ces élevages produisent effectivement moins de champions que chez l'éleveur amateur c'est qu'ils accordent plus d'importance à la production qu'à la sélection.

Les marchands de chiens : ces entreprises collectent des chiots de toutes origines pour lesquels vous n'obtiendrez que les garanties légales. Il vous sera impossible de savoir dans quelles conditions ils ont été élevés ni d'avoir le moindre contact avec les parents. On peut trouver du bon, on trouvera souvent le pire et sur le plan sanitaire, il y aurait beaucoup à dire...

La règle d'or doit être la **patience**. C'est un être vivant dont vous allez faire l'acquisition, qui va partager

Elevage de Fontegude : Feu de Fontegude, 3 ans, étalon recommandé à 1 an

votre vie pendant plus de dix ans. Ne cédez jamais à l'impatience, ne vous laissez jamais attendrir, un éleveur sérieux ne vous forcera pas la main.

Lorsque votre choix de l'élevage est arrêté et que l'on vous a signalé une portée disponible, prenez encore tout votre temps. En effet, vous devez pouvoir :

- observer attentivement les chiots qui ne se livrent pas toujours en cinq minutes ;
- observer les parents dans leur environnement habituel ;
- sacrifier aux formalités d'achat.

Appréciez d'abord la portée dans son ensemble. Quelles sont les réactions des chiots lorsque vous entrez dans le chenil ou dans le local qui leur est réservé ? Dans un élevage sérieux, ils viennent franchement à votre rencontre, vous accaparent. Ils ont l'air gais, joueurs et si auparavant vous avez été accueilli sans méfiance excessive par la mère, par l'étalon s'il est présent, vous pouvez sans crainte passer à la phase suivante. Mais s'ils reculent la queue entre les jambes, couinent, montrent les dents, s'ils ont l'air apathiques, le ventre gonflé, les yeux larmoyants, s'ils toussent, sont sales, c'est que vous êtes très mal tombé, vous pouvez partir sans regret.

Les chiots sont généralement ven-

Chiots de 1 mois...
Prod. Mme Lépine

Iseul't de la Vivaline, 6 semaines. Prod. Mme Lépine

Iholdy de la Vivaline, 7 semaines. Prod. Mme Lépine

dus à partir de la huitième semaine et de préférence avant trois mois. La huitième semaine est une période clé où se joue toute la socialisation du chien. Il est donc, à ce stade, fragile et malléable psychiquement. Il n'est donc pas souhaitable de le séparer de sa mère, de ses frères et sœurs dont il a besoin. Le meilleur âge de la séparation se situe au cours de la dixième semaine. A cet âge, le petit Beauceron aura les oreilles cicatrisées s'il a été essorillé ; il est plein d'allant, l'œil vif et le poil brillant, toujours prêt à jouer, à courir ; il est curieux, encore pataud, mais commence déjà à révéler certains de ses instincts.

Vous avez jugé l'état de la portée satisfaisant, les parents que vous avez vus dans leur cadre (il est souhaitable aussi de les voir ailleurs et surtout au travail) vous plaisent, il est temps de procéder à un premier tri.

Mâle ou femelle ?

C'est un faux dilemme. S'il est vrai que les chiennes ont des chaleurs deux fois par an, mais parfois moins et qu'elles doivent être surveillées de près, les mâles, eux, sont toujours disponibles. Les femelles sont plus douces, plus soumises, et les mâles, plus dominants, demandent plus de poigne, mais il y a toujours des exceptions.
Que vous ayez pour ce premier tri écarté l'un ou l'autre sexe, ou que vous n'ayez aucun a priori, procédez de la même manière : examinez les chiots un par un, dans un endroit neutre, à l'écart des autres en vous inspirant du test de Campbell (voir ci-après).
Ces tests de comportement, qui doivent être pratiqués à la septième semaine et qui permettent de juger des caractères, comportent des épreuves qu'il est possible de reprendre pour se faire une idée du caractère du chiot. L'appréciation est évidemment plus fine lorsqu'elle est pratiquée à la septième semaine, mais, dans le cas présent, elle doit vous permettre d'écarter les extrêmes : dominant-dominé.
Bien souvent, le dernier critère est purement subjectif. Un chiot vous choisit, il se tisse parfois des liens immédiats, un coup de foudre inexplicable, et l'on voit repartir avec une petite femelle effrontée l'acheteur déterminé à acquérir un grand mâle puissant !

Test de sélection comportementale d'après Campbell (1975)

Age du chiot : obligatoirement pendant la 7e semaine.
L'examinateur, seul, amène le chiot, lui-même seul, dans une zone calme, inconnue, et dépourvue de sujets de jeu. Il sera manipulé doucement, sans parole vive ni flatteuse. Ne pas tenir compte que le chiot puisse uriner ou déféquer.
Nettoyer le local entre deux chiots.

Vérifications

1. Attraction sociale
Dès l'entrée, coucher doucement le chiot au centre de la zone, s'éloigner du chiot de quelques mètres en sens opposé à la porte par où on est entré, s'agenouiller et attirer le chiot en tapotant des mains. Observer si le chiot vient vers vous, la queue haute ou basse, ou s'il ne bouge pas. Ceci donne une idée de son sens social, de sa confiance, de son indépendance. Donner une note et passer aussitôt à la phase 2.

2. Aptitude à suivre le maître
Partir près du chiot et marcher normalement. Selon que le chiot vous suit ou non aisément, il montrera une aptitude à la suite ou non.
S'il ne suit pas du tout : indépendance. S'assurer qu'il vous a bien vu démarrer.

3. Contrainte
Aplatir le chiot et le rouler gentiment sur le dos, le tenir ainsi d'une main par le sternum pendant 30 secondes. Ses réactions de défense ou d'acceptation traduisent sa tendance à accepter une domination physique.

4. Dominance sociale
Aplatir le chiot et appuyer sur le haut du crâne en détournant la tête vers le cou et le dos.
Selon qu'il accepte ou non, cela traduit son degré de dépendance sociale. Un chiot très dominant essaiera de sauter de côté ou même de mordre et de gronder.
Le chiot indépendant se contente de s'écarter. Insister jusqu'à ce que le comportement soit net.

5. Position élevée = test « Dignité »
Soulever le chiot par le ventre, les deux mains entrelacées, paumes vers vous. Le tenir ainsi 30 secondes. Le chiot n'a plus aucun contrôle, il est à la merci de l'examinateur. Ses réactions indiquent s'il accepte ou non votre dominance.
Le reposer doucement à terre. Le ramener ensuite près de la mère.

Résultats

2A ou plus avec des B par ailleurs
Réagissent agressivement et peuvent mordre si on les manipule sèchement. A déconseiller là où il y a des bébés ou des personnes âgées. A placer dans un foyer calme et doux où ils feront de remarquables chiens de défense. A éduquer gentiment, patiemment.

3B ou plus
Tendance à la domination loyale, à la compétition. Forte aptitude au dressage, aux concours de travail. A déconseiller s'il y a de jeunes enfants.

3C ou plus
Très adaptables. Parfaits pour les enfants et les vieillards.

TABLE DE LECTURE DU TEST DE CAMPBELL

Notes (ABCDE) – Numéro du chiot dans la portée	I	II	III	IV	V
Test d'attraction sociale					
A) Vient facilement queue haute, en sautillant et en mordillant les mains	A	A	A	A	A
B) Vient aisément, queue haute, en piaffant vers les mains	B	B	B	B	B
C) Vient aisément, mais queue basse	C	C	C	C	C
D) Vient en hésitant	D	D	D	D	D
E) Ne vient pas du tout	E	E	E	E	E
Test d'aptitude à la suite					
A) Suit facilement, queue haute, en essayant de mordiller les pieds	A	A	A	A	A
B) Suit facilement, queue haute, vient au pied	B	B	B	B	B
C) Suit facilement, queue basse	C	C	C	C	C
D) Vient en hésitant, queue basse	D	D	D	D	D
E) Ne suit pas, ou à distance	E	E	E	E	E
Test de contrainte (30 secondes)					
A) Lutte vigoureusement, se débat et mord	A	A	A	A	A
B) Lutte vigoureusement, se débat, mais ne mord pas	B	B	B	B	B
C) Bouge pour lécher les mains	C	C	C	C	C
D) Ne bouge pas, subit la pression de la main	D	D	D	D	D
Test de dominance sociale (30 secondes)					
A) Bondit, piaffe ou griffe, mord, gronde	A	A	A	A	A
B) Bondit, piaffe	B	B	B	B	B
C) Bouge pour lécher les mains	C	C	C	C	C
D) Se retourne pour lécher les mains	D	D	D	D	D
E) Ne bronche pas	E	E	E	E	E
Position élevée (ou test de dignité) (30 secondes)					
A) Se débat beaucoup, mord, gronde	A	A	A	A	A
B) Se débat beaucoup	B	B	B	B	B
C) Se débat, arrêté, lèche	C	C	C	C	C
D) Ne bronche pas	D	D	D	D	D

Inscrire le total des A, B, C, D, E.

2 D ou plus, surtout avec un E ou plus
Chiots hyper-soumis ayant un gros besoin de compliments, d'élevage affectueux pour avoir confiance et se livrer pleinement en environnement humain.
Normalement bien avec les enfants, ne mordent que s'ils sont maltraités, et même seulement pour se défendre.

2 D ou plus, avec E en section dominance sociale
Difficile à socialiser sans dressage à technique spéciale.
S'il y a des A ou des B en plus, ils peuvent attaquer par peur, stress, et notamment si on les punit.
S'il y a en plus C ou D, ils deviendront timides ou peureux au plus léger traumatisme.
Réagissent mal aux enfants.

Mélange de notes A et B (bonnes et mauvaises) :
Recommencer le test dans un autre endroit.
Si même réponse, le chiot est un cas particulier, il a un comportement non prévisible.

Les formalités d'achat

Elles comprennent :

- la signature par l'éleveur de l'acte de vente. Cette attestation est exigée par la loi, ne vous contentez pas d'une simple facture ;
- la remise de l'extrait de naissance : ce document est fourni par la Société centrale canine. Quoiqu'il y ressemble, il ne constitue pas le pedigree définitif. Il est possible que l'éleveur n'ait pas encore reçu ce document, dans ce cas, il ne manquera pas de vous faire consulter le double de la déclaration de naissance. L'extrait de naissance vous parviendra sans frais ultérieurement ;
- la carte de tatouage : les tatouages comportent trois lettres et trois chiffres. Vous vérifiez avec l'éleveur que ces marques pratiquées, soit à la cuisse soit à l'oreille, correspondent bien à la carte qui vous est remise. Dans le cas où le tatouage est illisible, l'éleveur devra faire refaire l'opération à ses frais ;
- le carnet de vaccination : à deux mois, votre chiot devra avoir reçu une primo-vaccination contre les maladies suivantes : maladie de Carré, hépatite, leptospirose, parvovirose.

La vaccination contre la rage se pratique un peu plus tard, vers l'âge de quatre mois.
Avec ces documents officiels, l'éleveur sérieux vous remettra un mémorandum personnel comportant toutes les indications nécessaires à l'alimentation de votre chiot, un calendrier de vaccinations et de dépa-

rasitage, un abrégé de ses résultats d'élevage, des renseignements concernant le Club de race, la confirmation, la SCC.
Trop souvent, les acheteurs, aussi contents qu'ils le soient de leur chiot puis de leur chien, ne donnent jamais de nouvelles aux éleveurs. Les deux tiers de Beaucerons ne sont même pas présentés à l'examen de confirmation (près de 2 400 chiots). Tout propriétaire de Beauceron devrait se souvenir qu'il hérite d'une longue sélection et qu'à défaut d'intérêt pour la cynophilie, le simple sens de la courtoisie devrait le pousser à envoyer au producteur une photo du chien adulte et à le présenter au moins une fois en exposition.

L'arrivée à la maison

Sauf dans le cas d'un voyage particulièrement long ou d'un sujet sensible, un chiot équilibré, naturellement curieux, va partir d'emblée à la découverte de son nouveau domaine.
Vous aurez eu soin de préparer l'endroit qui lui sera réservé de même que le matériel et notamment les gamelles. Après un voyage, qu'il soit long ou court, le jeune chien est souvent altéré. Présentez-lui une gamelle d'eau et ne le sollicitez pas trop. Laissez-le se reprendre : pour lui, le dépaysement est considérable. Dès la première heure, vous allez être confronté au problème de la propreté.
Dans certains élevages, les chiots sont vendus propres, il a suffi que le producteur ait pris le soin de fournir aux chiots dès leur première semaine plusieurs épaisseurs de journaux placés à peu de distance de leur couche. Les chiots élevés en plein air sont généralement plus propres que les chiots élevés dans les locaux ou les chenils puisqu'ils ont pris l'habitude de faire leurs besoins en terrain absorbant (terre, herbe).
Voilà donc votre chiot qui patauge dans une flaque d'urine au milieu du salon. Première chose à ne pas faire : lui mettre le nez dedans, que voulez-vous qu'il y comprenne ? L'éducation à la propreté demande un petit peu de temps, un petit peu de patience, et de la diplomatie. Rappelez-vous qu'après un repas, après une séance de jeu et le matin au réveil, tout chien éprouve un besoin pressant : prenez vos précautions. Si pour une raison ou pour

une autre vous êtes contraint de le laisser dans un local fermé, garnissez-en un angle de papier journal. Instinctivement, le chiot urine sur une surface absorbante ; il suffit de développer cet instinct en imprégnant une feuille avec un peu de son urine.
A l'extérieur, dans le jardin, il est illusoire de vouloir apprendre à votre chien à faire ses besoins en un endroit particulier, rappelons que les déjections sont pour l'animal une façon de marquer son territoire.
Dans la rue, triste constatation : il n'y a pas en France trop de chiens, mais trop peu de civisme et de courtoisie de la part des propriétaires. Les squares sont des aires de jeux pour enfants et les trottoirs des lieux de passage où l'on aime marcher sans avoir à enjamber des crottes tous les dix pas.
Apprenez-leur le caniveau.
Le Beauceron, chien de berger, n'est pas un chien d'appartement. La vie dans un espace très limité n'est justifiée que dans certains cas très exceptionnels. Cette race a en effet besoin d'exercice et seuls les citadins disposant de beaucoup de temps libre et décidés à pratiquer un sport avec leur chien de façon régulière peuvent se permettre d'acquérir un Beauceron.
Dans les autres cas, chenil ou maison, le problème est souvent posé. La meilleure solution consiste en un équilibre entre les deux, surtout pour les utilisateurs, quelle que soit la discipline envisagée, car la règle d'or est de ne jamais laisser un chiot sans surveillance.
Si elle est attendrissante, la petite boule noir et feu va très vite se transformer en un puissant chien d'utilité et si l'on n'y prend garde, on aura vite fait d'habiter chez son chien et non l'inverse !
Dans la maison, les dangers sont plus nombreux qu'on ne le suppose : les mêmes que pour un enfant de moins de trois ans. A ces dangers, dont la liste est illimitée, il faut ajouter un don extraordinaire à prendre des initiatives désastreuses, propres au déclenchement de catastrophes domestiques en tout genre. Supportables au début, elles sont très vite lassantes.
Dans la maison, il n'y a pas de territoire que l'on puisse réellement vouer au chien car il fera vite de l'endroit son domaine propre. Il n'admettra pas qu'on l'en expulse à l'occasion ou que celui-ci se trouve parfois envahi (cuisine ou salle de bain), la plus grave erreur consistant à installer un chiot dans l'entrée, lieu de passage et de stress permanent pour le jeune animal. Passons sur les chambres à coucher et les salons où tout chien normal en viendra vite à occuper lit, fauteuil ou canapé.
La liberté autour de la maison, dans un jardin clôturé, n'est concevable que si l'on attache peu d'importance à l'état des pelouses ou des semis de carottes. Quant à la liberté totale, elle est la meilleure école qui soit pour le vagabondage, la marau-

Copain des Assiers, propr. M. Dupuy

de, et l'occasion d'innombrables conflits de voisinage : chats, poules, poubelles, promeneurs et bien sûr facteur !
Le chien a besoin d'un domaine réservé où il puisse se retrouver, où il soit en sécurité, ce qui n'est pas toujours le cas dans la maison. Les allées et venues d'enfants, d'étrangers, ne sont éducatives et ne participent à la socialisation que jusqu'à un certain point.
Il faut se souvenir également qu'un chiot a besoin de beaucoup de repos et que dans ces moments-là, il ne doit pas être dérangé ; que ce soit dans la maison ou en liberté, il est constamment sollicité.
Chenil ne doit pas signifier *exclusion*. Le Beauceron est un chien qui a besoin de se rendre utile : la captivité de six jours sur sept le rendrait rapidement triste ou agressif. En dehors de ses heures de repos et des

moments où votre emploi du temps ne vous permet pas de vous consacrer à lui, votre chiot doit vous accompagner partout, rien n'est plus formateur. Parallèlement aux séances de dressage que vous allez commencer très progressivement dès l'âge de deux mois, l'immersion en tous milieux et toutes situations fera de votre chien un être sociable et capable d'adaptation.
Il importe donc que celui-ci considère le chenil non comme une punition, mais comme son domaine. Encore faudra-t-il lui donner le confort qu'il est en droit d'attendre.

Le chenil

Les normes de surface généralement admises sont celles de Hart et Andersen de l'Ecole vétérinaire de l'université de Californie. Ces calculs ont été établis en se basant sur la « distance de fuite », c'est-à-dire qu'ils permettent au chien de se sentir toujours hors de portée d'un agresseur extérieur, ce qui élimine le sentiment de claustration. La formule est la suivante :

$$\frac{\text{Hauteur au garrot en cm}}{2{,}5} \times 3 = \text{Surface en m}^2.$$

soit pour un Beauceron de 65 cm au garrot : 78 m^2.

Bien entendu, ces normes ont été conçues pour des chiens vivant constamment enfermés ; elles peuvent être minorées et le Dr Luquet, dans son ouvrage sur les chiens de berger français, remarque que l'on peut, sans inconvénient, tenir deux animaux sur un tel espace. Dans les conditions de vie telles que nous les avons définies avec des alternances travail/récréation/chenil, un espace de 30 m^2 est effectivement suffisant. La clôture sera en grillage « simple torsion » de 2 m de haut, dont les piquets seront coulés dans le ciment d'un trottoir bâti sur tout le pourtour de l'enclos. Ce trottoir de 50 à 80 cm de large empêche le chien de creuser sous la clôture. On y fixera également des ferrures plates à intervalles réguliers qui permettront d'assujettir solidement le bas du grillage. Le reste de l'enclos sera couvert d'une couche de 20 cm de gros gravier, ce qui permet une reprise facile des déjections et l'écoulement des urines, donc l'absence d'odeurs. Les côtés exposés aux vents dominants doivent être protégés (haies...).

La niche

Elle sera placée de façon à bénéficier d'ombrage en été et doit être éventuellement déplaçable. Le chien supporte facilement le froid sec, mais déteste l'humidité et les courants d'air. L'ouverture sera donc orientée en conséquence. On peut y poser un rideau en toile de sac. Le bois est certainement le meilleur matériau, contre-plaqué « marine » de 18 mm ou planches rabotées. Il faudra cependant le traiter régulièrement contre les méfaits de la pluie. Dans les régions à hiver froid, on peut pratiquer un doublage des cloisons et incorporer un isolant. La niche ne doit pas reposer sur le sol, mais sur des pieds de 10 cm ou sur quatre briques, l'essentiel étant qu'il existe un vide et que l'ensemble soit stable, peu de chiens appréciant les joies du *rocking-chair*. Il est nécessaire que le panneau de façade ou la toiture soient mobiles, (sur charnières éventuellement) de sorte que l'on puisse facilement nettoyer et désinfecter. Une *litière* est toujours appréciée pendant la mauvaise saison, mais en quelques semaines voire quelques jours, paille, couverture, copeaux, fougère, journaux ou autres se transforment en nid à vermine, se salissent et restent humides. Il n'y a donc que deux solutions : soit faire un sac en toile de bâche épaisse que l'on remplit de polystyrène (prévoir une fermeture à glissière pour l'entretien), soit faire découper un morceau de paillasson industriel tel qu'on en voit à l'entrée de certains bâtiments publics. Le *sac* devra être sorti régulièrement, mis à sécher et retourné ; il est certainement confortable, mais ne durera pas car les chiens ont l'habitude de gratter leur couche avant de s'étendre. Le *paillasson* est un peu cher, mais pratiquement inusable. Il faut cependant prendre la précaution de le poser sur une claie de quelques centimètres d'épaisseur pour éviter la condensation sur la face plastifiée. Les poudres antiparasitaires que l'on pulvérisera périodiquement pénètrent les poils du paillasson et maintiennent la niche saine. Il suffit, plusieurs fois par an, de le battre vigoureusement pour le débarrasser de la poussière.

Pour la *toiture*, on utilisera du fibrociment de préférence à la tôle ondulée en raison des phénomènes électriques des jours d'orage. La toiture débordera en façade pour former un auvent sous lequel on placera un caillebotis en bois, l'écart entre chaque planche n'excédant pas 1 cm. L'entrée de la niche devra être faite non pas au milieu de la façade, mais le plus possible sur le côté de celle-ci, de façon que le chien soit abrité des coups de vent. Les dimensions habituelles intérieures sont de 90-100 cm et 70 cm de haut. Elles valent pour un animal seul. Ce n'est jamais une bonne solution que de laisser une lice mettre bas et élever des chiots sur 0, 50 m^2 et dehors. Il est préférable de l'installer ailleurs le moment venu ou, si l'on a prévu de faire de l'élevage, de construire un modèle de niche adéquat d'au moins 2 m^2 qui sera plus proche de l'abri de jardin que de la niche traditionnelle.

L'intégration

Malgré quelques siècles de domestication, le chien a gardé les instincts ancestraux.

Chassez le naturel il revient au galop ! Livré à lui-même, le chien retrouve aisément ses aptitudes au pistage et à la chasse. Qu'il rencontre quelques congénères et voilà la meute reformée à l'image de celle de ses cousins loups ou coyotes ! La persistance de ces atavismes doit être connue, elle explique bien des comportements et permet au propriétaire d'établir un mode de relations dénuées d'anthropocentrisme.
La meute est composée de dominants et de dominés. Il arrive même dans certains cas que seules les femelles dominantes soient fécondes et puissent élever les petits, bien souvent avec la collaboration des dominés. Dans leurs activités de prédateurs, les chiens sauvages, comme les loups, réservent aux plus jeunes, aux femelles, le rôle de rabatteur. Seuls les mâles et certaines femelles tuent les proies qu'on a guidées vers eux, mangent et laissent leurs restes. La place de dominant s'acquiert plus par combat que par ancienneté.
Le jeune chien qui arrive chez vous va devoir faire sa place au sein d'une meute : vous-même, le chat, les enfants, un autre chien... Dans l'intégration, chacun doit donc faire un pas vers l'autre, ce qui exige de la part de la meute tolérance et patience, et pour le chiot, respect des usages.
Le rôle qui est assigné au maître est celui d'un chef de meute. La plupart des problèmes rencontrés avec des chiens comme le Beauceron proviennent d'attitudes complaisantes ou incohérentes du maître. L'obéissance ne doit pas être fondée sur la crainte, mais sur le respect. Le Beauceron a encore des instincts de meute, il se rebellera contre l'autoritarisme alors qu'il acceptera les sanctions lorsqu'elles sont justes. Dans les relations entre le chiot et la meute, le jeune chien doit être protégé mais non privilégié. Avec les autres chiens, s'il y en a, vous devrez empêcher les rapports de force écrasants. La hiérarchie doit être respectée mais ne doit pas être prétexte à règlement de comptes. Il faut être extrêmement strict sur ce point, s'efforcer de maintenir les mêmes relations avec le ou les vieux chiens, mais ne tolérer aucune agression de leur part.
Les autres membres de la famille doivent être reconnus par le jeune chien comme des dominants, ce qui n'empêche pas que, bien souvent, le chien soit surtout soumis à une seule personne.
Avec les autres animaux, notamment les chats, il faut faire comprendre immédiatement au chiot qu'ils vous appartiennent et que vous les protégez. Partout et toujours, vous devez être le dominant. La seule autorité reconnue doit être la vôtre.
Cette responsabilité n'est pas toujours très bien comprise. Les excès dans un sens ou dans un autre sont fréquents.

Minos du Tienne Saint-Gilles, prod. M. Giannone, propr. M. Koninckx

L'INCOHERENCE C'EST

– installer votre chiot sur le siège en voiture	→	*– l'enfermer dans le coffre un an plus tard*
– lui donner à manger lorsque vous êtes à table	→	*– lui reprocher de mettre le nez dans votre assiette*
– le laisser courser le chat du voisin	→	*– lui défendre de courir après le vôtre*
– le laisser sauter sur vous, aboyer et mordiller vos bas de pantalon	→	*– le réprimander lorsqu'il fait la fête à vos invités*
– courir derrière votre voiture pour lui faire prendre un peu d'exercice	→	*– l'empêcher de courir après les voitures*

L'autoritarisme : n'étouffez pas votre chiot sous une avalanche d'interdits car il n'a pas le sens des nuances, il n'a pas de code moral à l'image du nôtre. Le chien qui renverse les poubelles ne le fait pas par vice. Il le fait premièrement parce que vous les avez laissées à sa portée, deuxièmement parce qu'elles sont pour lui riches d'odeurs plaisantes. Interdisez l'accès d'une pièce, n'interdisez pas le franchissement d'une ligne imaginaire au milieu de celle-ci.

Le laxisme : dans les règles de vie que vous allez instaurer, sachez être clair, cohérent et déterminé dès le début.

Tolérer aujourd'hui, interdire demain. L'incohérence est fatale à l'éducation. Elle rend les chiens instables, craintifs ou imprévisibles.

L'intégration c'est aussi la présentation aux voisins et aux proches. Là aussi, il vous faudra être ferme et logique. Vous devrez, ce qui n'est pas toujours facile, expliquer aux uns et aux autres qu'un chiot n'est pas un jouet. Soulignez que vous ne souhaitez pas qu'on le tripote, qu'on le cajole, qu'on l'agace et surtout qu'on l'habitue aux friandises.

Le Beauceron en société

Vous venez de faire l'acquisition d'un chiot, il a entre huit et douze semaines, vous l'avez choisi sain, heureux de vivre, curieux, joueur. L'éleveur ne s'était pas limité à remplir sa gamelle. Il faut poursuivre le travail de socialisation commencé à l'élevage.

Continuer d'instaurer les relations de confiance avec l'homme, c'est d'abord éviter de trop lui en demander. Avec le Beauceron, une éducation de base est indispensable. Elle vous permettra d'avoir en tous lieux et toutes circonstances un chien fiable dont vous serez fier. Le Beauceron se discipline facilement pour peu que l'on s'y prenne dans les règles et précocement, mais les séances de travail qui peuvent commencer dès deux mois doivent être courtes et menées dans un esprit de « jeu sérieux ».

Pour qu'il puisse s'adapter à toutes les situations, vous n'hésiterez pas à multiplier les expériences avec votre petit Beauceron. Quelques mots rassurants, une caresse, rendent tout possible.

- *Emmenez-le en ville (toujours en laisse).*
- *Chez des amis (dès qu'il sait se tenir aux pieds et couché et si vous êtes certain que sa présence ne gêne pas).*
- *En voiture, à bicyclette dans un panier, en bateau pourquoi pas.*
- *Habituez-le aux détonations, bruits de moteur, sirènes, à la rencontre d'étrangers, à celle d'autres chiens.*
- *Ne l'isolez pas.*

Wulky de la Cité des Grands Feux, 18 mois, Elite B. Propr. Mme Lépine

Les rapports avec l'enfant

Le chien se porte naturellement vers l'enfant et l'enfant vers le chien. Le problème n'est pas la création d'une relation, mais plutôt la tournure qu'elle peut prendre. L'enfant peut être parfois tyrannique, comme le chien peut être parfois brutal dans ses jeux. Ecarter l'enfant du chien est dommage pour les deux. Les relations doivent être donc très surveillées. L'enfant ne doit en aucun cas déranger le chiot qui dort, ou qui mange. A cet égard, on appréciera de pouvoir disposer d'un chenil. Cependant, toute

Bikie Praline de la Roche Saint-Secret, 2 mois et demi. Propr. Mme Lobrot

attitude agressive du chiot ou du chien lorsque l'on s'approche de sa gamelle ou du territoire qui lui a été dévolu est intolérable. Elle peut être soit le fait d'une souche à trop fort caractère soit le résultat d'erreurs commises lors de la socialisation et du dressage. Dans ce cas précis, il est indispensable de consulter de toute urgence un professionnel du chien. Un Beauceron sociable et équilibré vous laisse toucher à sa gamelle, se laisse tirer par la queue, supporte d'être bousculé, tolère les autres chiens.

En aucun cas, on ne laisse un enfant en bas âge seul avec un chien.

Le facteur

L'employé des Postes et autres bipèdes qui pénètrent et qui s'enfuient tous les jours de chez lui à toute allure sont un cas d'énervement perpétuel pour le chien. Cette intrusion sur son territoire, sans but apparent, sonnant ou klaxonnant, est perçue comme une menace que le chien s'imagine avoir raison d'affronter puisque tous les jours il en triomphe : l'agresseur tourne les talons.

Chaque année, les Postes et Télécommunications enregistrent de très nombreuses plaintes et arrêts de travail. Tout propriétaire de chien doit comprendre que si l'animal « fait son travail » de gardien, le facteur fait aussi le sien et qu'il lui est impossible de se faire reconnaître et admettre par tous les chiens présents sur les lieux de sa tournée.

La seule méthode consiste, si l'on ne peut ou si l'on ne veut enfermer son chien, à lui faire comprendre :

- que vous n'êtes pas en danger ;
- qu'il n'est pas lui-même menacé.

Pour cela, dès l'acquisition de votre chien, faites-lui faire la connaissance du facteur. Amenez-le à la boîte aux lettres, échangez quelques mots avec le préposé, rassurez votre chien (et le préposé).

Edda de la Vivaline et... ses bouts de bois. Prod. et propr. Mme Lépine

Démonstrations d'affection

Si elles nous sont toujours agréables, elles peuvent être parfois gênantes, pour les autres ou lorsque le chien est crotté jusqu'aux oreilles. L'habitude de ne pas sauter gaiement sur les gens doit être donnée très tôt. Petit chien deviendra grand, un Beauceron de quarante kilos renverse sans difficulté une personne âgée ou un jeune enfant.
Il suffit pour cela, lorsque le chien se dresse sur ses postérieurs, de marcher sur son pied (doucement) en lui donnant un ordre. Par exemple « pas sauter ».
On peut aussi lui inculquer deux ordres, l'un qui autorise, et l'autre qui interdit. Car plus on fait apprendre et plus il apprendra. Le Beauceron, si les leçons sont données progressivement et avec cohérence, est capable d'assimiler quantité de choses. Le rôle du « dresseur » est de favoriser l'expression des aptitudes qui diffèrent d'un chien à l'autre. Il ne s'agit donc pas de faire de votre chien un chien de cirque, mais de valoriser ce qui est latent. Le rapport d'objets, par exemple, est inné chez certains chiens ; en canalisant cet intérêt, vous pouvez peut-être vous en servir mais vous ferez surtout plaisir à votre chien: il progressera en débrouillardise et en capacité d'adaptation. Ce peut être pour le chien de compagnie un excellent dérivatif, une façon de lui donner un rôle à jouer dans la vie quotidienne, et il faut se souvenir que le Beauceron est un chien qui aime se rendre utile.

Les bagarres

Exceptionnelles, on peut toujours les justifier ; fréquentes voire systématiques, elles sont le fait d'individus particulièrement dominants que l'on n'aura pas su ou pas pu dominer, ou de rares, très rares caractériels à tenir sous clé. On y réfléchira ensuite mais sur le moment, que faire ?

- Ne jamais frapper les belligérants, ceci ne fait qu'accroître leur colère.
- Ne pas crier, ceci ne fait qu'ajouter à l'excitation.

On peut utiliser l'eau froide (tuyau d'arrosage), ce qui suppose des conditions de bagarre idéales. La meilleure solution consiste, lorsque l'on est deux, à saisir chacun au même moment les postérieurs de l'un et l'autre chien et à les soulever de terre. Déséquilibrés, les animaux finissent par lâcher prise. Attention souvenez-vous que vous pouvez être mordu à l'occasion.

En voiture

Les chiots s'habituent plus ou moins vite à la voiture. Il faut dire que leur première sortie les conduit souvent chez le vétérinaire le jour

de la coupe d'oreilles et du tatouage. L'expérience étant bouleversante, on conviendra que c'est une assez mauvaise entrée en matière.
Dans les premiers temps, les voyages doivent être très courts : deux ou trois kilomètres, et associés à une balade récompense. Peu à peu, le chiot appréhendera moins et se réjouira de la sortie.
Trop souvent, les règles de sécurité élémentaires ne sont pas respectées. Chaque année, des accidents graves sont causés par des chiens qui ont gêné le conducteur. Lorsque l'on connaît le gabarit et la puissance du Beauceron adulte, on comprend qu'il est indispensable d'être strict et de lui apprendre dès son premier voyage quelle sera sa place. Le chien le plus calme peut un jour ou l'autre être à l'origine d'une collision.
Le coffre n'est pas une bonne solution : pas d'aération, bruit, obscurité, rien qui soit agréable pour un animal, à moins que l'on ôte la plage arrière et que l'on fixe une grille adaptée qui l'empêche de sauter dans l'habitacle. Si le véhicule ne présente pas cette possibilité, attachez votre chien sur le siège arrière. Ne faites pas confiance à un passager pour le tenir.
Dès son premier voyage, vous lui apprendrez à respecter l'immobilité après l'arrêt du véhicule jusqu'à ce que lui soit donné l'ordre d'en descendre. Il est capital que votre chien prenne cette habitude car beaucoup descendent de la voiture en trombe, risquant leur vie, que ce soit au bord de l'autoroute ou sur une départementale. Leur premier réflexe est de se dérouiller les pattes et il ne faut pas plus de quelques secondes hors de votre contrôle pour que votre chien coure sur la chaussée et se fasse renverser. Votre chien doit attendre un ordre précis, descendre côté trottoir et s'asseoir. Au début, pour plus de sûreté, on le mettra en laisse avant de le faire sortir. On fera, au cours du voyage, des arrêts réguliers, autant bénéfiques pour le chauffeur que pour l'animal. Votre Beauceron en laisse, vous le ferez marcher, trotter et boire. La veille, vous aurez eu soin de réduire sa ration ou de la donner plus tôt. Assurez-vous qu'il ait eu le temps de faire ses besoins avant de monter en voiture.
Le chien vraiment sujet au mal des transports est assez rare. Dans ce cas, la diète totale n'a aucun effet. On utilisera plutôt des antinauséeux spécifiques aux animaux. S'il n'y a aucune amélioration, ce tracas est peut-être révélateur d'autres problèmes. Il vous faudra alors consulter un vétérinaire.

Les transports en commun

• Le train

Le chien paye demi-tarif, le port de la muselière est en théorie obligatoire, et là, comme ailleurs, la présence de l'animal est soumise au bon vouloir des autres voyageurs. Les wagons-restaurants lui sont interdits, les wagons-couchettes également sauf si vous louez tout le compartiment. Le chien non accompagné voyage en wagon-marchandises.

• Le métro
Légalement, sa présence est interdite sauf pour le chiot que l'on peut mettre dans un panier ou tenir sur ses genoux.

• Dans les gares
Il est fortement conseillé d'éviter les trottoirs et escaliers roulants.

• L'autobus
Les règlements varient d'une ville à l'autre.

• L'avion
Le chien voyage obligatoirement dans la soute. Des cages sont mises à disposition, le tarif est celui du fret.

• Le bateau
Tarif comparable, les chiens ne sont pas forcément admis en cabine.

La vie en société

Pour peu qu'il ait été éduqué, habitué à rester couché à un endroit donné, à marcher au pied, modéré dans ses démonstrations, tolérant avec les étrangers et que vous soyez toujours certain d'en être parfaitement maître, le Beauceron est un chien agréable à vivre. Cependant, la courtoisie veut que vous ne l'imposiez pas partout où vous allez. Souvenez-vous que tout le monde n'apprécie pas les chiens même s'ils sont discrets. La cynophobie s'alimente au sans-gêne de certains propriétaires. En ville, pensez à ramasser les crottes de votre chien, tenez-le toujours en laisse. Respectez les règlements sanitaires qui lui interdisent l'accès aux magasins d'alimentation, empêchez les mâles d'uriner sur les roues, les portières des véhicules, les bas de mur et de portes... Vous allez chez des amis, êtes-vous tout à fait certain qu'ils apprécient votre compagnon à quatre pattes ?

Partir en vacances

Avec un Beauceron, cela n'a rien d'un pensum dès lors que l'on aura pris soin de préparer le voyage.
Campings, hôtels, gîtes ruraux... tous les points d'accueil touristiques reçoivent diversement le chien : renseignez-vous avant de réserver.
Sur la route, les restaurants ne sont pas tenus d'accepter votre Beauceron. Si toutefois on le tolère, veillez à ce qu'il ne gêne pas le service ni le passage des autres clients, qu'il n'entame pas une course poursuite avec le chat de l'établissement ni ne force les portes des cuisines pour obtenir un supplément. En un

Hawaï de la Vivaline, 5 mois et demi. Prod. et propr. Mme Lépine

Beaucerons de l'élevage de la Vivaline

Eauphélie de la Vivaline, 3 ans, Recom. Tan. T. Prod. et propr. Mme Lépine

mot, votre chien doit se tenir couché, invisible sous votre table, ce qui est rarement concevable lorsqu'il s'agit d'un chiot.
Il en est de même dans les hôtels, il est donc important que votre chien soit habitué à faire de longues stations dans votre véhicule, de jour comme de nuit. Prévoyez donc une couverture ou une bâche, pensez à l'abreuvement et n'oubliez pas de laisser les fenêtres entrouvertes.
L'exposition d'un chien quelques heures au soleil peut s'avérer mortelle.

Que faut-il penser des pensions pour chiens ? La grande majorité des pensions est parfaitement tenue et les chiens y sont visiblement « heureux ». Moins la pension compte de chiens et mieux ceux-ci sont traités, mais il ne faut pas généraliser. On aura intérêt à visiter celle-ci quelque temps auparavant afin de juger des lieux et de faire connaissance avec le propriétaire.
En dehors des pensions, il existe toujours la possibilité de placer son chien chez un particulier, ami ou parent. Dans ce cas, souvenez-vous que si vous restez moralement res-

ponsable de l'animal, la responsabilité pénale incombe à la personne qui en a la garde.

Jeux et sorties

Le Beauceron est un chien qui ne manque pas de tonus, sa vivacité et son gabarit interdisent les récréations dans les squares, rues et parkings, d'où la tentation de le laisser libre en forêt, en montagne, à la campagne, sur la plage lorsqu'on s'y trouve en vacances ou en week-end. Il faut cependant bien peser les risques. Légalement, on considère qu'un chien est en état de divagation lorsqu'il est hors de portée de voix (ou de sifflet) de son maître. S'il est surpris par un garde-chasse alors qu'il bat les fourrés, vous risquez une amende. Contrairement à l'idée que s'en fait le citadin, la « campagne » n'est jamais un lieu public. Votre chien et vous-même traversez des propriétés privées dès que vous quittez les chemins. Il se peut que ceci ne soit pas du goût du propriétaire, surtout si votre chien effraie les troupeaux ou, pire, se met gaiement à les disperser.

Votre Beauceron est un berger qui, l'instinct commandant, risque de vous échapper à la vue de chèvres ou de moutons. Cet instinct est si fort que vous aurez de très grandes difficultés à le reprendre en main. Il se peut que ce soit trop tard. Si la réaction du propriétaire des animaux vous semble disproportionnée c'est que le stress occasionné par votre chien a des conséquences graves, mais invisibles sur le moment, notamment des avortements, chez les animaux « agressés ».

Pour toutes ces raisons, ne lâchez pas votre chien inconsidérément. Faites-le lorsque vous connaissez bien les lieux et lorsqu'il a acquis un rappel impeccable.

Ailleurs, faites le jouer à la balle, marcher en longe ou trotter à vos côtés, mais toujours en laisse.

Notez que pour des raisons sanitaires, la plupart des plages sont interdites aux chiens.

L'éducation

Le Beauceron est un chien qui a du caractère. Ceci ne veut pas dire qu'il s'agit d'un chien rétif, insoumis, qu'il faut « casser », pas du tout. Chien de berger, il est capable d'initiative, d'indépendance. C'est un chien puissant dans tous les sens du terme qui demande donc une main ferme, un maître sûr de lui et juste. Le dressage demande que l'on garde à l'esprit trois principes fondamentaux :

- les animaux ressentent profondément notre humeur. Ils perçoivent parfaitement notre irritation, nos inquiétudes, nos hésitations ;
- un jeune chien ne comprend pas à demi-mot. Il faut donc exprimer clairement sa volonté et par conséquent savoir exactement ce que l'on veut obtenir ;
- tout dressage suppose de la patience, du temps et le respect d'une certaine chronologie.

Le temps, que l'on consacrera à l'éducation et plus tard aux diverses spécialisations qui forment le dressage, doit être un moment privilégié : oubliez tout, soyez à l'écoute, donnez-vous à fond, veillez à ne pas être dérangé. Les séances doivent être courtes, régulières et finir par un exercice connu que le chien réussit. Si vous n'êtes pas en forme, reportez la séance à plus tard, elle n'aurait d'intérêt ni pour vous ni pour le chien.

Les assouplissements

Cette gamme d'exercices est commune à toutes les disciplines, mais elle est également indispensable au chien de compagnie. Il s'agit :

- du rappel ;
- de la marche au pied en laisse et sans laisse ;
- de l'immobilité sur ordre ;
- des positions : assis, debout, couché.

Ces préliminaires au dressage peuvent commencer progressivement dès que le chiot a assimilé son nom et qu'il est habitué au port du collier, c'est-à-dire le plus souvent vers trois mois.

Le rappel

Obtenir d'un chien qu'il retourne immédiatement à vos pieds quelles que soient les circonstances est absolument essentiel. Le rappel mal acquis est la source de toutes sortes de problèmes. Votre chien a été pourvu d'un nom, mais celui-ci ne constitue pas un ordre. Il ne peut être employé que pour attirer son attention. Vous choisirez donc un terme de commandement que vous associerez à son nom, par exemple : « X ici, X viens… »

Durant toute la période d'apprentissage de votre chien, il faut veiller impérativement à ne jamais vous trouver en position d'échec. En ce qui concerne le rappel, ce principe est capital. Ce qui signifie que si votre chiot est à cinquante mètres et très occupé avec une balle ou un os, ou s'il se trouve dans une situation où il est tenté de rejoindre quelqu'un de sa connaissance, inutile de le rappeler. Si vous ne respectez pas ce principe, votre chien apprendra vite à mettre de la distance entre lui et vous quand cela lui plaira et saura faire la sourde oreille quand cela l'arrangera. Ne vous lancez pas dans une course poursuite en le menaçant car vous risquez de le terroriser et il s'en souviendra. Le chiot doit associer le rappel à quelque chose d'intéressant ou d'agréable (autrement pourquoi voudriez-vous qu'il revienne) ; par conséquent, on n'appellera jamais un chien pour le punir.

La punition n'entre pas dans le cadre du dressage. Il y a peu, voire pas du tout, de chiens vicieux. Il n'y a que des mauvais dresseurs ou des erreurs de dressage. Nos relations avec l'animal sont souvent passionnelles ou empreintes d'anthropocentrisme. Nous avons trop tendance à prêter au chien des comportements humains. Il n'a pas de malice, il suit des instincts. Lorsqu'il fugue, profitant d'un portail ouvert ou d'un trou dans le grillage, et qu'il est au retour accueilli par un maître hystérique qui lui administre une bonne correction, on comprendra que la fois suivante le retour risque d'être plus difficile. Dans ce cas précis, à qui la faute ? Au chien naturellement curieux et vagabond, ou au maître qui lui a laissé des occasions de s'échapper et peu d'occasions de s'occuper ?

En toutes circonstances, interro-

Paula de la Pointe aux Herbes (Photo : Delène)

gez-vous objectivement pour déterminer votre part de responsabilité dans les comportements et les frasques de votre chien. Vous serez étonné de constater que vous êtes pratiquement toujours fautif. Le chien qui vient vers vous en rampant ne le fait pas parce qu'il a conscience d'avoir mal agi, mais simplement parce qu'il sent votre énervement. Cependant, il ne s'agit pas de toujours tout pardonner. Le Beauceron, comme tous les chiens de berger, est imprégné de l'instinct de meute. Les maîtres qui baisseraient trop souvent les bras perdraient leur place de dominant. Il ne s'agit pas d'habiter chez son chien, chacun a sa place. Tous les chiens, mais particulièrement les mâles, cherchent à prendre ce rôle. La correction ne peut être envisagée que dans ce cas précis. Elle ne redresse pas les erreurs de dres-

Girl des Beau Ground's. Prod. et propr. M. et Mme Alves-Fernandez

sage et ne doit être employée que lorsqu'il se pose des problèmes de hiérarchie et jamais sous le coup de la colère car l'animal se sentirait gagnant, votre énervement trahissant une faiblesse que le chien perçoit et dont il se souviendra. Pas de cris, pas de coups. Saisissez votre chien par la peau du cou, soulevez-le en le secouant. Employez un ton de voix sévère en le fixant dans les yeux.

Dans la pratique, on habitue le chien au rappel dès qu'il a deux mois, alors qu'il est proche de vous, qu'il n'y a aucune source de distraction susceptible d'attirer un refus. Accroupissez-vous, attirez son attention en frappant dans les mains, donnez l'ordre et récompensez-le dès qu'il est à vos pieds. Petit à petit, on agrandira les distances en veillant toujours à se tenir hors de toute situation permettant un refus. S'il y a hésitation de la part du chien, partez à reculons tout en répétant l'ordre. A la différence de la punition, la récompense, simple caresse et plus rarement fiandise, doit être largement employée durant tout le dressage. Tout exercice réussi doit être associé à un moment agréable.

Hawaï de la Vivaline, 16 mois, Ch. Luxembourg. Recom. Prod. et propr. Mme Lépine

La laisse

La mise en laisse est appréciée différemment selon les chiots. On comprend parfaitement que l'impression ne soit pas très agréable. Pour ne pas rendre l'expérience traumatisante, procédez par étapes. Accroupissez-vous, fixez la laisse au collier, caressez votre chiot et relevez-vous en restant sur place. Dès qu'il aura la sensation de l'entrave, le chiot cherchera à s'en débarrasser, alors, accroupissez-vous et rassurez-le.
Vous ferez les premiers pas lorsqu'il se sera habitué à cette première contrainte. Ne croyez pas obtenir

immédiatement une marche en laisse, chien au pied. Il lui faudra en effet quelque temps encore avant d'avoir pris conscience de l'autonomie qui lui est laissée. Lorsque votre chien supportera la laisse sans inquiétude, il sera alors temps de lui apprendre à régler son pas sur le vôtre.

L'emploi du collier « étrangleur » en acier à mailles rondes n'est pas une obligation. Il ne devrait être réservé qu'au chiot particulièrement vif.

Dans les autres cas, on utilise un collier en cuir assorti d'une laisse simple ou d'une double laisse en cuir également.

On doit obtenir d'un chien qu'il marche en laisse sans vous tirer, attentif à vos mouvements, le nez à hauteur de votre genou. Vos séances de dressage doivent toujours commencer par un moment de détente. Ceci étant fait, rappelez-le, fixez la laisse et partez en marchant naturellement après lui avoir donné l'ordre choisi. On peut commander un chien en n'importe quelle langue, en utilisant un vocabulaire conventionnel ou complètement inventé, à condition que chaque ordre soit euphoniquement différent des autres et bref. Pour la marche en laisse, le commandement le plus fréquemment utilisé est : « au pied ». Sans brutalité, on donne juste un petit coup de laisse sec pour le ramener à votre hauteur, qu'il dépasse ou qu'il s'attarde. Vous devez obtenir assez rapidement que le jeune chien se concentre sur l'exercice, la laisse retombant mollement entre vous deux. Ne tentez pas de lui faire parcourir un kilomètre. Vous devez vous interrompre avant le seuil de lassitude du chiot. Le dressage repose sur la répétition en douceur et force encouragements.

Positions et immobilité

Ces deux rubriques sont généralement dissociées. Cependant, lorsqu'on exige d'un chien qu'il se tienne dans une certaine position, assis ou couché, cela suppose qu'il y reste jusqu'à nouvel ordre. L'ordre le plus connu « couché pas bouger » est une sorte de pléonasme cynophile.

Assis

Cette position est abordée avec la marche au pied. L'ordre choisi doit être accompagné d'un mouvement de bascule : une main appuie sur l'arrière-train, l'autre relève doucement la tête en se plaçant sous la gueule. Comme tous les autres, cet exercice doit être repris en dehors des séances de travail. Au moment des repas, lorsque l'on donne la gamelle, lorsque l'on doit ouvrir une porte, au moment de descendre de voiture, etc…

Photo : Duprat

Ci-contre, Edda de la Vivaline, par Aiglon de la Pointe aux Herbes et Valone de la Cité des Grands Feux. Propr. Mme Lépine

Couché

Cette position s'obtient en prenant d'une main les deux antérieurs, l'autre pesant sur les épaules ; cette manipulation étant associée à l'ordre choisi (couché, terre, stop...). A cette occasion, les réactions du chiot sont pleines d'enseignement. Les malins, les joueurs, se mettent à rouler sur le dos ; les dominants s'arquent et résistent ; quant aux inquiets et aux timides ils se débattent.

Debout

Pour un chien de compagnie, on jugera que la position debout n'a pas beaucoup d'intérêt et pourtant elle a le mérite d'accroître le « vocabulaire » du chien. Elle participe de l'éducation et ne devrait donc pas être négligée. Elle s'obtient en partant de la position assise, le chien étant contre vous, face à vous. Il suffit de reculer d'un pas en donnant l'ordre choisi.

Bikie Praline de la Roche Saint-Secret. Propr. Mme Lobrot

Gestes et sifflet

Tous les ordres vocaux peuvent être associés à un geste ou à un coup de sifflet.
Comme pour les précédents, ces ordres doivent être clairs, sans équivoque.

L'immobilité

On peut considérer que cet exercice est aussi important que le rappel. On pourra choisir soit d'inclure un nouvel ordre associé aux positions (assis-pas bouger) soit de le cultiver lors de l'apprentissage des posi-

Balika de la Plaine des Quints. Prod. Mme Bardot-Aubry, propr. M. Pillard

tions. Dans ce cas, il sera nécessaire d'inculquer au chien le sens d'un ordre de cessation (assis, c'est tout).

Dans la pratique, lorsqu'une position est acquise, on la fera « tenir » d'abord quelques instants, puis de plus en plus longtemps. L'idéal étant de commencer avec la position « couché » moins susceptible de « relâchement » que les autres. Le chien étant en « sphinx » on se relève si l'on était accroupi, le bras tendu, la main ouverte paume face aux yeux du chien en donnant l'ordre choisi. Si l'on observe le moindre mouvement, on s'accroupit et l'on recommence. Cet exercice demande beaucoup de persévérance. On considère qu'il est acquis lorsque le chien reste immobile même en notre absence.

Ce n'est pas par hasard que l'on parle des beauceronniers, comme s'il s'agissait d'une caste à part car ce chien exige des maîtres, énergiques, sûrs d'eux comme il l'est lui-même. Lors du dressage, ce chien franc a besoin d'être mené avec amour et fermeté. Les récompenses sont une « aide » de même que la voix. Le chien y est très sensible. Les ordres doivent être donnés d'une façon intelligible et sans forcer le ton. On le haussera en fonction de l'effet que l'on désire obtenir.

Eyder de Belle Mour. Prod. M. Sauvignac, propr. M. et Mme Alves-Fernandez

Horace du Tienne Saint-Gilles. Prod. M. Giannone, propr. Delillemont

Clubs et dresseurs

Le maître néophyte aura tout intérêt à fréquenter un club canin. Ces associations ne sont pas réservées aux seuls chiens de concours ou envisageant les concours. Elles sont ouvertes à tous ceux qui désirent donner à leur chien l'éducation de base.

Les séances d'entraînement ont lieu le samedi et/ou le dimanche, généralement en groupe, ce qui facilite la « socialisation » de votre chien avec les autres. La fréquentation du club offre l'intérêt de ne pas travailler seul, d'être entouré et conseillé souvent par des professionnels.

Comme on a pu le voir, tout problème de comportement est dû à une faute de dressage. Mieux vaut faire intervenir rapidement un dresseur qualifié que de laisser pourrir une situation. Vous trouverez dans la presse spécialisée les adresses de professionnels reconnus.

En conclusion, régularité, cohérence, fermeté feront du jeune Beauceron un adulte équilibré. Le Beauceron n'est pas le grand méchant loup, c'est un chien de berger parfois un peu cabochard mais franc et qui a beaucoup de « cœur ».

Soins et maladies

Chien rustique, le Beauceron ne pose pas de problèmes de santé particuliers dans la mesure où il mène une vie saine :

- exercices physiques réguliers parce qu'il a besoin de se dépenser ;
- place et rôle déterminé auprès de vous car comme tout chien d'utilité c'est un actif ;
- alimentation équilibrée ;
- hygiène générale commune à tous les chiens : propreté des lieux de vie, toilettage, vaccinations de même que déparasitages externes et internes méthodiques.

Vous devrez constituer néanmoins une pharmacie destinée aux petites urgences, placée à portée de mains, mais hors de celles des enfants :

- thermomètre ;
- ciseaux à bouts ronds pour couper le poil masquant une plaie ;
- coton-gaze, sparadrap ou tout autre pansement collant ;
- cordelette ou muselière ;
- désinfectant doux : eau, oxygénée, eau de Dakin, Bétadine solution dermique, teinture d'iode ;
- vermifuge ;
- antiparasitaire externe ;
- calcium et complément vitaminé pour les chiennes gestantes ou en lactation, et du lait maternisé avec biberon en cas de problème lors de la lactation.

UN SIGNAL D'ALARME : LA FIEVRE

La température du chien est plus élevée que la nôtre. Elle oscille entre 38 ° et 39 °C (38,5 °C en moyenne). Même en l'absence de signes d'une maladie, quand l'animal refuse sa pâtée et paraît abattu, elle intervient comme un signal d'alarme. Une température très élevée, de l'ordre de 41 °C, apparue brusquement, peut annoncer une maladie infectieuse d'origine virale, bactérienne ou parasitaire. Il est alors indispensable de conduire l'animal chez le vétérinaire qui établira son diagnostic. La chute de température au-dessous de 37 °C est tout aussi alarmante. Elle survient fréquemment à la suite d'une maladie, d'une hémorragie et nécessite le plus souvent des transfusions.

SYMPTOMES GENERAUX DE MALAISE

- *Apathie.*
- *Vomissements et/ou diarrhée persistante.*
- *Abattement.*
- *Ecoulement nasal et conjonctival.*
- *Refus de jouer.*
- *Soif et/ou faim injustifiée.*
- *Manque d'appétit (anorexie).*
- *Amaigrissement évident.*
- *Poil terne.*

SYMPTOMES DE MALADIES GRAVES

- *Respiration et battements cardiaques ralentis, accélérés, dissonants ou faibles.*
- *Température corporelle basse (hypothermie), ou élevée (fièvre).*
- *Traces de sang dans les selles.*
- *Traces de sang dans les urines.*
- *Vomissements hémorragiques.*
- *Saignements de nez.*

Vous rangerez également dans la pharmacie le carnet des vaccinations ou simplement une fiche où vous inscrirez les dates de rappel et de vermifugation.

Tout changement d'humeur de votre chien ainsi que le manque d'appétit, la tristesse, la soif excessive doivent attirer votre attention. Vous contrôlerez alors :

La température rectale : au moyen d'un thermomètre classique qu'on lubrifie avec une goutte d'huile et qu'on laisse en place au moins trois minutes. Les normes sont :
- adulte : 38,5 °-39 °C ;
- chiot 38 °-39 °C

L'état de la truffe (sèche, humide, chaude ou fraîche) ne constitue pas un critère objectif.

Le rythme cardiaque : en écoutant le cœur, l'oreille posée sur la cage thoracique, ou en prenant le pouls sur l'artère fémorale (face interne de la cuisse) que l'on comprime légèrement avec l'index :
- adulte : 60-120/mn ;
- chiot : 100-130/mn.

La prise du pouls demande un peu d'habitude mais surtout une bonne connaissance de votre chien car le rythme cardiaque varie avec l'âge. Dans tous les cas il doit être franc et régulier.

La fréquence des respirations : on observe simplement les mouvements sur une durée d'une minute. Les normes sont :
- adulte : 14-20 ;
- chiot : 20-22.

Toutes ces mesures doivent être prises sur un animal au repos. Comme pour l'homme, la température rectale est plus basse le matin et plus élevée le soir. L'état du poil (terne ou brillant), la qualité des selles (diarrhée, constipation), l'appétit, l'haleine, sont autant d'indications révélatrices de l'état général, de l'équilibre de la ration alimentaire, du parasitisme interne.

Un seul des symptômessuivants doit être considéré comme très alarmant :
- hyperthermie (40 °C et plus), hypothermie (– de 37,5 °C) ;
- respiration et rythme cardiaque faibles, précipités ou bien irréguliers ;
- vomissements répétés ;
- traces de sang dans les urines, dans les selles, dans les vomissements ;
- écoulements fétides de la vulve ou du fourreau ;
- diarrhées persistantes ;
- saignements de nez ;
- troubles de la locomotion.

Les grandes maladies du chien sont couvertes par la vaccination. Les

LES DATES DE VACCINATION

Maladies	*Primo-vaccination*	*Rappel*	*Rappel adulte*
Maladie de Carré	7e semaine	11e	Tous les 2 ans
Leptospirose	7e semaine	11e	Tous les ans
Parvovirose	7e semaine	11e	Tous les ans
Hépatite	7e semaine	11e	Tous les 2 ans
Rage	16e semaine		Tous les ans
Toux de chenil*	4e semaine	7e	Tous les ans

* Pour les reproducteurs ou une semaine avant tout contact avec une collectivité canine

chiots subissent une primo-vaccination à l'élevage et il vous appartient de procéder aux rappels :

A ces vaccinations « classiques », on ajoutera dans les régions concernées la vaccination contre la piroplasmose. Les autres pathologies sont plus rares.

Maladies infectieuses

La piroplasmose : elle est transmise par la piqûre des tiques. Les simptômes habituels en sont : fièvre, urine foncée, abattement. Dans les régions très infestées, tout comportement inhabituel du chien au printemps et à l'automne doit être considéré comme suspect.
Préventivement, on utilisera le collier antitiques avec acaricide que l'on renouvellera selon les indications du fabricant. On inspectera quotidiennement toutes les régions à peau fine : cou, tête, garrot, oreilles et l'on éliminera les tiques qui se seraient fixées avec un produit spécifique ou un coton imbibé d'éther. Comme pour les puces, il faut penser à l'hygiène des locaux, le moyen le plus radical étant le passage au chalumeau.

La toxoplasmose : transmise à l'homme par le chat, elle peut être fatale pour le chien si elle est dépistée trop tard. Très rare, ses symptômes sont caractéristiques : troubles nerveux et plaques blanchâtres sur le fond de la rétine. Traitement aux antibiotiques.

Leishmaniose : fréquente sur le pourtour méditerranéen, cette maladie grave est transmise au chien par les tiques et les phlébotomes, petits insectes volants de la famille des moustiques. Seul un diagnostic précoce permet de sauver l'animal. Les chiens guéris peuvent rester porteurs sains et devenir des réservoirs de parasites représentant un danger pour l'homme. Symptômes : diarrhées, hémorragie, vomissements, signes d'anémie et fièvre intermittente avec parfois des lésions de la peau, des oreilles et du pourtour de l'œil .

Tuberculose : cette maladie, que l'on croyait en voie d'éradication chez l'homme, touche aussi l'animal. Les signes avant-coureurs sont banals : amaigrissement et apathie. Ce genre de symptômes doit toujours attirer l'attention. La maladie évolue en trois à six moix avec des troubles de la digestion, une dilatation de l'abdomen et parfois des inflammations chroniques : suppuration, rhumatismes à localisations variées.

Parasitose

Ces parasitismes interne et externe sont assez liés et ne sont pas une fatalité. Ils doivent être combattus très sérieusement, certains vers contaminant l'homme et entraînant de graves pathologies (*tænia echinococcus*).

Parasites internes

Les ascaris : vers des chiots, ceux-ci en sont tous porteurs et pratiquement dès la naissance. L'infestation est plus ou moins visible, mais non maîtrisée, elle peut entraîner de graves désordres allant jusqu'à la mort. L'éleveur ne manquera pas de vous indiquer le traitement à suivre. Les chiots sont traités dès leur première semaine et parfois tous les quinze jours jusqu'à l'âge de deux mois, puis tous les deux mois jusqu'à l'âge de six mois.

Autres vers ronds : strongles, trichures et « ver du cœur du chien » (dirofilariose canine). Pour ce dernier parasite, la prévention de l'infestation est possible avant toute exposition de l'animal aux moustiques, principalement dans le Sud-Est.

Les tænias : on trouve chez le chien quatre sortes de vers plats, de toutes les tailles, certains mesurant plusieurs mètres. Périodiquement, le chien rejette dans ses selles des « anneaux » très reconnaissables (plats, d'un centimètre environ, mobiles). Les œufs dont ils sont porteurs sont absorbés par les ruminants, certains rongeurs, les puces et les poux. Le chien se recontamine constamment par parasitisme externe ou par consommation de viande. On comprend qu'il est indispensable d'utiliser de très bons vermifuges et de respecter, autant pour la santé du chien que de son entourage, un protocole de traitement pluriannuel.

Parasites externes

Comme on a pu le voir précédemment, il est indispensable de débarrasser le chien des puces et autres hôtes indésirables. La panoplie de produits dont on dispose aujourd'hui permet de résoudre le problème (colliers insecticides, poudres, spray, bains), mais ces soins n'ont aucune efficacité s'ils ne sont pas accompagnés d'une hygiène rigoureuse des locaux : la puce ne se reproduit pas sur l'animal, mais sur le sol, principalement là où il se couche. Parmi les autres parasites, citons encore :

La teigne : champignon microscopique qui provoque démangeaison et dépilation en plaques arrondies sur la tête et le flanc. Contagieux pour l'homme.

La gale : gale du corps, mais surtout gale des oreilles reconnaissable aux sécrétions noir-brun du conduit et au prurit qui l'accompagne.

Affections du système respiratoire

L'écoulement nasal bilatéral, la toux, la respiration difficile, accompagnés de fièvre sont des troubles qui doivent être pris très au sérieux ; les risques d'aggravation étant élevés et débouchant sur des maladies allant du rhume à la bronchite et la pneumonie.

Maladies de la chienne

Métrite

Cette grave infection est due à la rétention de placenta voire d'embryons ou fait suite à un dérèglement hormonal ou un avortement. On surveillera donc très attentivement le comportement d'une chienne après la mise bas ainsi que la nature des écoulements, sans attendre la fièvre, les vomissements ou la dilatation du ventre.

Mammite

Il s'agit d'une congestion et d'une inflammation de la mamelle qui a souvent pour origine un traumatisme. On sépare les chiots de la mère qui doit suivre un traitement à base d'antibiotiques et d'applications de pommades émollientes et anti-inflammatoires.

Tumeur

Les tumeurs bénignes de la mamelle sont fréquentes. Elles doivent être surveillées par le vétérinaire qui décidera d'une ablation éventuelle.

Pathologie du mâle

Les maladies des organes génitaux mâles dépendent plutôt d'une hygiène générale. A l'exception de l'orchite qui se manifeste par un gonflement du ou des testicules et qui peut devenir gangreneux.

Troubles nerveux

Les manifestations nerveuses (bave écumante, contraction des mâchoires, yeux révulsés, convulsion) peuvent avoir plusieurs origines :
- infestation parasitaire ;
- empoisonnement ;
- rage ;
- épilepsie.

(L'épilepsie peut avoir pour origine une tumeur ou autre infection cérébrale. Ces troubles sont souvent héréditaires.)

La torsion de l'estomac

Hantise des propriétaires de chiens de grandes races, la torsion de l'estomac est due à la formation de gaz suivie d'une rotation de l'estomac dans un sens et d'un basculement dans un autre sens, empêchant toute évacuation des gaz et du contenu stomacal. La mort intervient en quelques heures, mort atroce que seule l'intervention chirurgicale permet d'éviter. Les symptômes sont suffisamment clairs pour que l'on trouve immédiatement un vétérinaire en mesure d'intervenir : l*e chien se met à enfler, cherche à vomir et ne tient pas en place*. S'il peut se trouver à l'origine de cet accident des raisons biochimiques, il est bien souvent le fait de chiens nerveux ou seulement hyper-actifs ou encore de chiens bousculés après un repas (séance de jeu ou même travail). Pour tous les grands chiens, dont le Beauceron, on doit faire les recommandations suivantes :

- fractionner la ration en deux, éviter les pâtées succulentes mais trop volumineuses ;
- jamais d'exercice après un repas qui doit être donné après le retour au calme (une heure après tout travail).

La dysplasie de la hanche

On appelle dysplasie un trouble du développement des tissus. Atteinte douloureuse à un certain stade, infirmité plus tard, la dysplasie de l'articulation coxo-fémorale est une affection héréditaire suffisamment grave pour avoir été déclarée *vice rédhibitoire*, c'est-à-dire qui annule la vente. Elle ne touche pas spécialement le Beauceron ou le chien de berger. Un grand nombre de clubs de race a rendu obligatoire un dépistage de la dysplasie sur les reproducteurs d'élite ou ceux qui briguent le titre. Le protocole est assez lourd puisqu'il s'agit d'une radiographie nécessitant une anesthésie générale. Ceci explique que cette obligation se limite aux seuls grands « noms » d'une race, par exemple chez le Beauceron, les reproducteurs recommandés et étalons ou lices d'Elite A ou B. Cependant, rien n'empêche l'éleveur occasionnel de s'entourer des précautions nécessaires. Il y gagnera en crédibilité auprès de ses acheteurs et évitera éventuellement de propager cette tare dont l'expression est favorisée par certains facteurs tels que : alimentation, activité physique (saut), mais qui n'est pas moins inscrite dans le capital génétique.

On distingue quatre stades :

- intermédiaire (suspicion de dysplasie) ;
- dysplasie légère (S1) ;
- dysplasie moyenne (S2) ;
- dysplasie grave (S3 et 4).

Ces différents stades représentent des atteintes plus ou moins importantes des ligaments, des têtes de fémur ou de la cavité de la cotyle où ils viennent se loger ; le stade ultime étant celui de la luxation de la hanche. La dysplasie, qui peut être plus marquée d'un côté que de l'autre, est supportable pour le chien jusqu'à un certain stade. On peut envisager une intervention chirurgicale.

Urgences

Etat de choc

Consécutif à l'« accident », l'état de choc est un ensemble de perturbations physiques et psychologiques parfois aussi graves que les blessures elles-mêmes. Il se manifeste par une hypothermie, une hypotension, des tremblements et une décoloration des muqueuses, parfois aussi par des pertes d'urine et des vomissements. Ne communiquez pas à votre chien votre propre angoisse. Restez calme, approchez-vous de lui doucement sans gestes brusques, et rassurez-le. Maintenez-le au chaud, sous une couverture. On est parfois contraint de museler l'animal pour permettre le transport ou tout autre intervention.

Produits	*Symptômes*
Strychnine (taupicides)	Ecume aux lèvres, convulsions, troubles de la respiration, vomissements, diarrhée.
Phosphore (insecticides)	Convulsions, contractions musculaires, vomissements, rétrécissement de la pupille, salivation abondante.
Raticides	Salivation abondante, halètement et troubles de la respiration, perte des forces, pouls affaibli.
Cyanure	Halètement, étourdissements, haleine reconnaissable à l'odeur d'amande amère, perte des forces.
Antigel	Rythme cardiaque accéléré, soif importante, vomissements et troubles de la respiration.
Médicaments	Réactions variables selon les substances.

Empoisonnements

Conduite à tenir dans les cas d'empoisonnements :

- tenir compte de l'état de choc de l'animal ;
- ne pas tenter de faire vomir un chien ayant absorbé des produits caustiques ;
- dans les autres cas, si l'on a la chance de pouvoir intervenir sur le moment, provoquer le vomissement au moyen d'eau tiède salée, d'eau oxygénée, ou d'une poignée de gros sel ;
- rendez-vous d'urgence chez le vétérinaire.

Morsures de vipères

En promenade, durant la belle saison, le chien qui hurle brusquement, qui tremble et se couche sur place, a été mordu par une vipère. L'endroit atteint gonfle rapidement, le chien se lèche et quelquefois se mord. Ne le faites pas marcher. Posez un garrot éventuellement et lavez la plaie à l'eau savonneuse ou javellisée (quatre cuillerées à soupe pour un demi-litre d'eau). La visite chez le vétérinaire est indispensable.

Piqûres d'insectes

Généralement sans gravité, on les soigne avec un peu d'eau vinaigrée. Elles sont graves si elles touchent la langue ou les fosses nasales car le chien risque de s'étouffer. Là aussi, le recours au vétérinaire s'impose.

Piqûres d'orties et de chenilles processionnaires

Dans certains cas (piqûres dans la bouche, lèvres, langue), on peut être amené à utiliser un calmant, la douleur rendant l'animal fou.
Attention aux chenilles processionnaires du pin dont le poison provoque une nécrose des tissus.

Coup de chaleur

Malheureusement fréquent et autant à craindre chez les jeunes enfants que chez les chiens. En été, ne laissez jamais votre Beauceron dans une voiture en plein soleil. Pour l'animal qui halète désespérément et vacille, le seul traitement consiste à le mettre à l'ombre et le rafraîchir, ce qui ne veut pas dire le jeter dans l'eau.

Fractures

Dans tous les cas, on pensera état de choc, immobilisation avant transport. Dans le cas de fracture ouverte, on veille à ce qu'elle ne se souille pas, on pose un garrot ou l'on maintient un point de compression en cas d'hémorragie. Durant le transport, on s'attache à ce que le membre blessé ne soit pas malmené. Dans les fractures simples, on peut confectionner des attelles de fortune avec du carton fort, du coton et du sparadrap. Dans ces moments-là, vous apprécierez d'avoir un chien que vous avez rendu sociable et dont vous restez maître en toutes circonstances.

Ingestion de corps étrangers

Si l'objet est visible dans l'arrière-gorge, vous pouvez l'extirper en tenant la mâchoire inférieure à pleine main, les babines étant écrasées sous les dents.
Si l'objet est passé dans l'œsophage, rendez-vous chez un vétérinaire qui radiographiera, et le cas échéant, opérera.

Blessures

En attendant les sutures pratiquées dans l'heure par le vétérinaire, nettoyez la plaie, désinfectez-la, protégez-la.

Interventions

Pour faire ingurgiter des comprimés ou des gélules, on peut les incorporer dans une boulette de viande, mais seuls les chiens les plus gourmands s'y laissent prendre. Pour les autres : mettre le chien en position assise entre vos jambes, ouvrez-lui la gueule et poussez le médicament contre le palais tout au fond de la gorge. Maintenez la gueule bien fermée. Relâchez votre Beauceron une fois qu'il aura parfaitement dégluti.
Attention aux liquides ! Utilisez une seringue (sans aiguille), injectez le produit entre les molaires, gueule bien fermée de façon que le chien ne s'étouffe pas, la déglutition ne pouvant avoir lieu bouche ouverte. Vous risqueriez autrement d'envoyer la potion dans les bronches.

Toilettage

Le Beauceron a gagné la faveur de nombreux bergers et utilisateurs en raison de sa rusticité et de sa facilité d'entretien. Un tel chapitre peut donc surprendre, la qualité du poil du Beauceron ne nécessitant apparemment aucun soin. Dans cette race, le toilettage se justifie néanmoins pour trois raisons :

- d'abord par simple souci d'hygiène. Le brossage du pelage élimine les poils morts et les saletés, il active la circulation et quel plaisir d'avoir un chien qui ne laisse pas de traces sur le siège de la voiture ou sur le tapis lorsqu'on est invité chez des amis ;
- un toilettage approfondi pratiqué tous les quinze jours permet de se faire une idée précise de l'état de santé de l'animal, en particulier au niveau parasitaire (puces et tiques), et de juger de l'équilibre de sa ration ;
- enfin, le toilettage est un excellent outil de socialisation. Il est indispensable d'habituer un chiot à être touché, ausculté, porté, contenu comme il l'est durant la séance de pansage. Il le sera plus tard par le vétérinaire, les juges, les enfants. Il rend les timides moins réservés, les forts moins dominants et crée une relation amicale entre lui et vous.

Les yeux : on les débarrasse des humeurs avec un coton imbibé d'eau tiède.

Les dents : surveillez attentivement l'haleine de votre chien. Toute odeur fétide peut provenir d'un déchaussement. Autant un vieux chien coulera encore des jours heureux s'il a ses dents, autant ce sera un calvaire pour lui s'il les perd. Le déchaussement est dû au *tartre*. Les vétérinaires pratiquent le détartrage au moyen d'un appareil à ultrasons, mais vous pouvez en éviter la formation par un entretien régulier. Une fois par mois, confectionnez une pâte avec du bicarbonate de soude additionné de jus de citron ou d'eau oxygénée 10 volumes et brossez les dents de votre chien comme vous le feriez pour vous-même. Pour les chiots, profitez du toilettage pour examiner la pousse des dents adultes. En effet, il peut arriver que se créent des abcès provoqués par la résistance d'une dent de lait.

Les oreilles : les chiots essorillés sont vendus en principe avec les oreilles cicatrisées.
On n'utilise pas de Coton-tige pour le nettoyage de l'oreille chez un Beauceron pour ne pas courir le risque de repousser un bouchon de cérumen au fond du conduit. On se contente de maintenir le pavillon propre en le nettoyant à l'aide d'un coton imbibé d'huile (pas d'eau savonneuse). Il existe des produits qui permettent de dissoudre les dépôts de cérumen qui se trouveraient dans le conduit.

La robe : on coupera, le cas échéant, le poil souillé autour de la vulve et de l'anus. Le fourreau et les testicules des mâles doivent être examinés attentivement, tout gonflement ou écoulement suspect méritant absolument une visite chez le vétérinaire.
Il arrive que les glandes anales s'engorgent. Le chien qui marche en « traîneau » est généralement dans ce cas. Avec un peu d'habitude, il est possible de les vider soi-même en les pressant entre le pouce et l'index. Demandez au vétérinaire de vous faire une démonstration.
Veillez également à l'état des coussinets sous les pattes (poils agglomérés, épillets, petites épines).
L'étrillage lui-même est très simple. Vous utiliserez une brosse à poils durs que vous passerez énergiquement de la tête à la queue, puis de la ligne dorsale vers le bas des flancs.
Le toilettage doit se pratiquer sur une table stable. Le chiot ne goûte pas toujours cette situation en hauteur. Les premières séances (dès l'acquisition) doivent être régulières, mais de pure forme. Elles doivent toujours se terminer par une petite récompense.
On baigne rarement un Beauceron, le bain ne se justifie que comme traitement antiparasitaire externe et plus rarement dans le cas de mauvaise odeur tenace. Procédez avec diplomatie et avec une eau tempérée. Prenez garde aux produits moussants qui peuvent atteindre les yeux.

L'alimentation

L'appareil digestif

Le chien est un carnassier comme le montre l'examen de sa denture. Ses quarante-deux dents sont faites pour déchirer la viande et broyer les os, la mastication elle-même est secondaire. Passé le pharynx et l'œsophage, les aliments aboutissent dans l'estomac, poche d'une grande capacité (environ cinq litres). C'est là qu'ils sont brassés et rendus assimilables, c'est-à-dire transformés en nutriments. Les nutriments passent ensuite par quatre mètres d'intestin grêle et un peu moins d'un mètre de gros intestin. Le foie et le pancréas participent activement au métabolisme par les sécrétions qu'ils produisent.
On remarquera que le chien, monogastrique comme nous, présente un transit digestif très court et que l'estomac qui reçoit des aliments à moitié avalés est fortement sollicité. Ceci explique le phénomène de « torsion-dilatation » malheureusement observé dans les grandes races bergères.

Les éléments de la ration

La viande : on la donnera crue, la cuisson n'a que peu d'intérêt. Quelle viande donner ? Principalement du *bœuf* : joue, plat de côte, cœur... c'est-à-dire des morceaux pauvres en tendons et nerfs, l'excès de collagène étant néfaste (il provoque des cancers chez le rat). Donc, les déchets que vous trouverez en supermarché ne doivent être servis qu'exceptionnellement,

APPAREILDIGESTIF

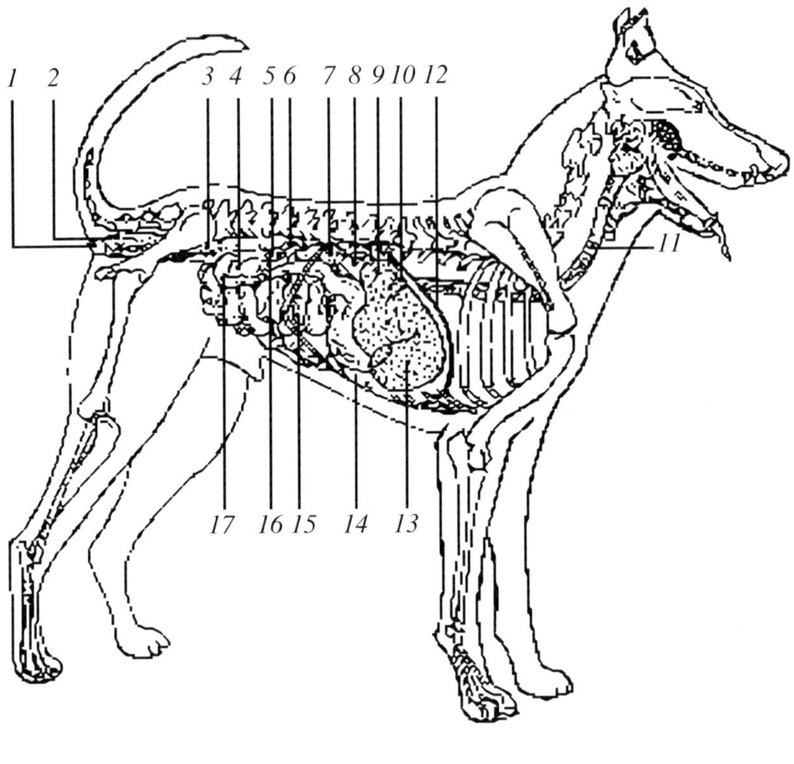

1. canal anal - 2. rectum - 3. côlon descendant - 4. cæcum - 5. partie ascendante du duodénum - 6. côlon transverse - 7. pancréas - 8. fundus de l'estomac - 9. lobe droit latéral du foie - 10.-11. œsophage - 12. diaphragme - 13. lobe droit médian du foie - 14. grande courbure du corps de l'estomac 15. jéjunum - 16. côlon ascendant - 17. partie descendante du duodénum

leur prix n'étant d'ailleurs pas attractif comparé à celui de certains bons abats (mamelles, tripes) ;
On mélangera ceux-ci à d'autres morceaux de viande rouge car leur rendement est faible pour un encombrement élevé. Foie et rognons doivent être utilisés modérément, leur excès pouvant entraîner des diarrhées.
En dehors du bœuf, on peut donner du *mouton*, de la *chèvre*, du *cheval*... le porc et les charcuteries ne sont jamais conseillés.

Les os : la question est toujours soulevée : faut-il ou non donner des os ? Tous les carnassiers sauvages en consomment apparemment sans conséquence et des générations de chiens de ferme ont mangé et mangent encore des os. L'os ne doit pas être considéré comme un aliment, mais comme une friandise et un moyen simple de réduire le tartre. C'est un apport de minéraux pour le jeune chien, mais la complémentation calcique se fait plus rationnellement avec des préparations spéciales que l'on trouve en pharmacie.
L'essentiel est de choisir de gros os non cuits pour éviter le risque d'esquilles (os de veau), de les réserver au chien calme qui va prendre le temps de les broyer et de les interdire au glouton nerveux qui s'empresse de les avaler.

L'œuf : est un bon aliment que l'on donne entier s'il est cuit. Cru, on ne donnera que le jaune.

Le lait : au lait, on préférera les laitages et fromages qui s'avèrent plus digestes.

Les légumes : seulement 60 % des protéines d'origine végétale sont assimilables par le chien. Il a donc peu de chance de devenir végétarien, mais l'apport de légumes est indispensable. Dans la nature, le carnassier qui vient de tuer une proie se repaît d'abord de la panse, remplie d'herbe. Crus, les légumes apportent des vitamines ; cuits, des fibres. Sont déconseillés : pomme de terre, choux, ail, oignon et autres crucifères, haricots, pois et tout ce qui fermente. Les plus recommandés étant *carotte* et *salade*.

Les céréales : avoine, maïs, riz et blé dur sous forme de pâtes entrent largement dans la ration journalière. Les céréales sont pauvres en graisses mais riches en « sucres lents » et en protéines (15 %). Le riz est certainement la céréale la plus utilisée, mais toutes les brisures de riz n'offrent pas la même qualité. Les pâtes ont la réputation d'être échauffantes et de favoriser l'eczéma, mais la plupart des chiens les tolèrent très bien.

Les graisses : huile de table, margarine, beurre et saindoux sont très riches en calories sous un faible volume (saindoux = 8 500 cal/kilo). La ration peut comporter jusqu'à 20 % de sa matière sèche en lipides.

Le poisson : riche en protéines et en iode, le poisson ne devrait pas être réservé aux seuls chiens de traîneau. De préparation difficile en raison des arêtes, on utilisera plutôt des boîtes de conserve : *maquereau, sardine, thon.*

Le sucre : on n'utilisera le sucre ni comme aliment ni comme récompense. Il doit être considéré comme un recours contre l'hypoglycémie, le coup de fatigue du chien soumis à un travail intense.

Le sel : dans le cas d'une alimentation traditionnelle cuisinée à la maison, on ne rajoutera pas de sel, les aliments en contenant suffisamment (si la ration est équilibrée).

L'eau : indispensable, propre et à volonté quel que soit le mode d'alimentation envisagé.

VALEUR DES ALIMENTS COURANTS

Aliments	***Calories***	***Protides en g***	***Lipides en g***
Graisse	900	0	100
Viande maigre	170	20	10
Os	170	10	15
Viande grasse	300	20	25
Lait	70	3,5	9,5
Poudre de lait	500	28	28
Gruyère	400	25	30
Fromage frais	100	10	10
Pain	250	7	1
Riz	350	7	0
Pâtes	350	13	1
Carottes	40	1	0
Légumes verts	30	2	–
Poisson demi-gras	170	20	10

Les formules traditionnelles

Riz-viande-légumes cuisinés « avec amour » peuvent constituer un excellent régime pour un chien à l'entretien, c'est-à-dire sans besoins de production : gestation, croissance, travail, ces derniers demandant un calcul moins approximatif des divers composants souhaitables.
La formule théorique des besoins en énergie du chien à l'« entretien » est de 132 Kilocalories d'énergie métabolisable (EM) par son poids vif qu'on élève à la puissance 0,75 :
132 Kcal EM x PV ^{0,75}

BESOIN D'ENTRETIEN	
Poids Vif	***Kcal***
5	440
10	740
15	1 000
20	1 250
25	1 475
30	1 700
35	1 900
40	2 080
50	2 455

A l'aide du tableau précédent (*valeur des aliments courants*), il vous est possible de composer une ration simple avec des aliments courants, en tenant cependant compte des impératifs suivants :

- besoins en protéines : 5 gr/j/kg PV/adulte ;
- besoins en lipides : 1,5 gr/j/kg PV/adulte ;
- besoins en glucides : ils doivent apporter la moitié des apports d'énergie (Kcal). Dans la pratique, riz ou pâtes forment d'ailleurs la moitié de la « gamelle ».

Les formules industrielles

La qualité des aliments du commerce : composants, mélanges, présentations, ainsi que la facilité d'emploi ne sont plus à démontrer. Cependant, il n'est pas certain que les produits « bas de gamme » soient comparables à la pâtée familiale.
En tenant compte d'une périodc d'adaptation, il faudra raisonner l'achat de tel ou tel aliment non pas en fonction de la marque, mais en fonction du résultat obtenu qui est variable selon les chiens.

On peut distinguer trois catégories de formules.

Les complémentaires : à base de céréales et/ou de légumes en flocons auxquels on rajoute de la viande après réhydratation. (On trouve également des complémentaires en boîte.)

Les aliments secs complets : soit sous forme de croquettes, soit sous forme d'un mélange croquettes/flocons. Beaucoup d'éleveurs préfèrent réhydrater cette dernière présentation avant l'emploi. Les aliments secs dosent 90 % de matière sèche, leur utilisation implique donc de mettre à disposition de l'eau propre à volonté.

Les conserves : soit « repas complet », c'est un mélange de viande, de légumes et de céréales, soit uniquement de la viande que l'on mélange avec du riz ou un complémentaire.

A ces préparations, partout disponibles, il faut ajouter toute une gamme d'aliments spécifiques : aliment de régime, aliment chiot, lait de chienne reconstitué, aliment hyper-énergétique et autres formules qui couvrent tous les besoins.

Le repas du chien qui travaille

Plus que les tables d'alimentation et formules théoriques, c'est « l'œil du berger qui engraisse la brebis » et « l'œil de l'utilisateur qui maintient un chien en forme ».
En la matière, seules les variations du poids de l'animal doivent être à prendre en compte : à partir d'une

QUELQUES RECOMMANDATIONS

• Tout changement d'alimentation doit être très progressif et s'étalera sur quinze jours.
• Ne croyez pas qu'il soit nécessaire de varier le menu. Les chiens sont très attachés à leurs habitudes, surtout alimentaires.
• Au chien adulte calme, on donnera un repas par jour, le soir.
• L'hyper-actif, l'anxieux, le nerveux, recevra sa ration journalière, fractionnée en deux : matin et soir.
• On distribuera les repas à heure fixe, le ou les chiens devant être tranquilles et maintenus au calme (pas de distribution après un jeu, travail, promenade).
• Faites manger votre chien avant vous-même et prohibez toute quête de nourriture autour de la table familiale. D'une manière générale, ne tolérez jamais les petits en-cas et friandises. Ne faites pas de votre chien une « poubelle de table ». L'habitude de ne pas quémander doit être donnée au plus tôt. Non seulement cette pratique est désagréable, mais elle rend les chiens obèses et capricieux.

baisse de 5 %, on peut commencer à s'inquiéter, mais tout dépend des sujets. Certains fabricants d'aliments proposent des formules hyper-concentrées très intéressantes pour le chien en période de travail, dans la mesure où elles apportent sous un faible volume les éléments qui lui sont nécessaires. Il n'est cependant pas certain que ce régime sans « encombrement » se justifie toute l'année sauf peut-être pour les chiens actifs-anxieux-nerveux, plus sujets à la torsion d'estomac.

La reproduction

A celui qui s'imagine, parce qu'il aura déboursé 2 500 ou 3 000 F pour faire l'acquisition de son chien, le faire ou la faire reproduire et gagner ainsi de l'argent, il faut dire très clairement qu'il se trompe. L'élevage amateur n'a jamais rien rapporté. D'ailleurs, pourquoi faire reproduire quand on sait qu'il y a en France 7 à 8 millions de chiens ? La question ne devrait se poser que lorsque l'on se trouve propriétaire d'un sujet présentant des qualités intéressantes pour la race tant en caractère qu'en beauté. Dire que l'accomplissement du cycle sexuel n'est pas nécessaire au bien-être de l'animal est une vue aussi anthropomorphique que l'opinion contraire. Rien n'est plus puissant que cet instinct, quelle que soit l'espèce considérée. Cependant, on ne fera reproduire une lice qu'après avoir acquis la certitude que tous les chiots seront placés. La mère, comme le père, devront donc avoir été remarqués en concours ou en exposition.

Choix des reproducteurs

Il est nécessaire d'attendre le développement complet physique et mental des reproducteurs, soit quinze à dix-huit mois pour le mâle, dix-huit à vingt-quatre mois pour la femelle (à partir des troisièmes chaleurs), mais impérativement avant l'âge de quatre ans.
Une femelle en très bonne santé peut reproduire jusqu'à l'âge de huit ans, un mâle jusqu'à l'âge de dix ans.

LES FORMALITES D'ELEVAGE (PROCESSUS D'INSCRIPTION D'UNE PORTEE AU LOF)

A la saillie, les géniteurs doivent être inscrits et confirmés. Les propriétaires remplissent une « déclaration de saillie » comportant toutes les références LOF des animaux.
Dès réception de ce document, la SCC renvoie à l'éleveur un formulaire comportant une déclaration de naissance et une demande d'inscription de portée.
A la mise bas, la déclaration est complétée par l'éleveur qui l'expédie à la SCC. Elle fait état du nombre, du sexe et de la date de naissance des chiots.
Au moment du tatouage (obligatoire), l'éleveur remplit enfin la demande d'inscription de portée qui stipule le nom, la couleur, le sexe, le numéro de tatouage de chaque chiot ; il joint le règlement des droits (100 F par chiot), les volets de cartes de tatouage et envoie le tout à la SCC qui après vérification fera parvenir à l'élevage les extraits de naissance qui seront remis aux acheteurs.
A partir de quinze mois l'acheteur devra faire subir à son chien l'examen de confirmation.

Dans sa « carrière » de reproductrice, une lice ne devrait pas porter plus de quatre fois. Pour les étalons, on ne fera pas pratiquer plus de deux saillies par semaine, la valeur de la semence diminuant au-delà.
On aura longtemps réfléchi aux alliances par une étude approfondie des pedigrees. Le débutant aura intérêt à s'entourer de tous les conseils possibles et principalement de ceux du producteur de sa chienne. Les deux géniteurs sont confirmés, ils ont subi une radiographie des hanches et ne présentent pas de signes de dysplasie. La future mère a été déparasitée et l'on aura procédé au rappel des vaccinations.

Croyances et superstitions

Bien que la génétique soit une science maintenant ancienne, quelques croyances restent fortement ancrées. C'est le cas de l'« imprégnation » qui veut qu'une chienne, saillie un jour par un corniaud, met-

te bas toute sa vie durant des petits bâtards. Cette idée repose sur le fait que la durée d'ovulation de la chienne pouvant s'étendre sur plusieurs jours, les saillies de plusieurs chiens sont alors fécondes et il se trouve dans la portée des chiots de diverses origines.
Contrairement à ce que l'on croit aussi, le mâle n'a pas dans la reproduction plus d'importance que la femelle car, si tel était le cas, le croisement âne par jument ne donnerait pas le mulet qui ressemble au cheval et le croisement cheval par ânesse ne donnerait pas le bardot qui ressemble à l'âne.
La vie commence par l'union de deux cellules, une femelle et une mâle. Chacune contient dans son noyau des paires d'éléments appelés *chromosomes,* 78 paires pour les chiens. Lorsque les deux cellules s'unissent, les gênes placés sur les chromosomes ne se mélangent pas comme l'eau dans le vin. Après une phase de maturation, la nouvelle cellule (le futur nouveau-né) se forme par division et son capital de chromosomes provient pour moitié du mâle et pour moitié de la femelle, ses parents.
Voilà pourquoi il est inutile d'accoupler un grand chien avec une petite chienne, un actif avec une lymphatique, en espérant compenser les extrêmes et arriver à une bonne moyenne. Dans la pratique, ce genre d'alliances donnera des sujets tirant de l'un ou de l'autre et parfois radicalement différents.
Les possibilités de combinaisons de chromosomes sont tellement considérables qu'il est inutile d'espérer obtenir avec le frère d'un champion le même résultat qu'avec celui-ci, bien qu'ils soient « du même sang ». Même s'ils semblent extérioriser les mêmes qualités, leur génome est complètement différent.
Il est des caractères qui échappent à toute donnée génétique : les caractères acquis. Un champion de travail léguera (peut-être) sa souplesse de caractère, mais pour le reste, il va falloir travailler.

Les lignées

On distingue trois modes d'élevage :
- l'Inbreeding ;
- l'Outcrossing ;
- le Linebreeding.

L'Inbreeding

Consiste en une consanguinité plus ou moins étroite. C'est une méthode difficile à employer, d'alliances à l'intérieur d'une même famille : frère-sœur, parent-enfant. Dans ses débuts, l'histoire du Beauceron est marquée par ce type d'accouplements, nécessité éprouvée par tous les éleveurs d'une race naissante. L'Inbreeding est la seule manière de fixer des caractères de façon durable. La consanguinité fait toujours un peu peur. Rappelons pourtant que dans la nature de nombreuses espèces vivent en consanguinité étroite (cervidés, caprins, ovins). Dans l'espèce canine, citons seulement le *Setter* que Laverack créa à partir de deux sujets : frère et sœur. Pour le Beauceron, cette méthode ne devrait être appliquée qu'après mûre réflexion et avec l'aval du club.

L'Outcrossing

C'est l'opposé de la méthode précédente. C'est un mode d'élevage dans lequel les géniteurs n'ont aucun lien de parenté. Si les résultats sont souvent bons en première génération, le système tient un peu de la loterie. On ne sait jamais ce que l'on va déclencher. On remet en jeu tout le travail de sélection antérieur.

Le Linebreeding

C'est un mode d'élevage dans lequel on croise entre elles des lignées : c'est la méthode la plus employée lorsque l'on cherche à fixer des caractères par la consanguinité, mais sans en courir les risques.

Les chaleurs

Les cycles de la chienne sont en principe de six mois, deux périodes de chaleurs s'étalant sur quinze-vingt jours. Cet écart peut être plus important. Les cycles très incohérents doivent être signalés au vétérinaire.

La phase des chaleurs peut se scinder en trois parties :

- le pré-œstrus pendant lequel la chienne présente des pertes séro-sanguines de couleur foncée. Sa vulve est congestionnée, son humeur changeante. Elle joue, urine et se lèche fréquemment. Chez la chienne, les pertes de sang signalent le processus d'ovulation ;
- l'œstrus dure lui-même quelques jours, mais le moment optimum pour la saillie se situe vers le douzième jour et ne dure parfois que quelques heures. La longévité des ovules est de deux à quarante-huit heures. C'est la raison pour laquelle on conseille de renouveler la saillie le lendemain. Comment déterminer le « bon » jour ? L'élevage est affaire d'observation ; l'éleveur chevronné le voit souvent d'un simple coup d'œil. L'éleveur débutant aura intérêt, dès les premières manifestations reconnues, à passer matin et soir un coton sur la vulve de la lice. Lorsque la couleur des pertes s'éclaircit, que la chienne piétine sur place et arque la queue lorsqu'on lui touche la vulve, le moment de la saillie est arrivé ; il est également possible de faire procéder par le vétérinaire à

un suivi des chaleurs avec frottis vaginaux et dosage de la progestérone ;

– le métœstrus est la dernière phase. Les écoulements peuvent redevenir foncés et cessent peu à peu en même temps que la vulve se décongestionne. La chienne entre alors en période de repos sexuel.

L'accouplement

Les réactions de la chienne mise en présence du mâle ne sont pas toujours prévisibles. Dans le meilleur des cas, après une courte période de jeux et de préliminaires amoureux, la saillie a lieu sans qu'il soit nécessaire d'intervenir. Dans d'autres cas, même prête, la chienne peut refuser le mâle. Il faudra alors, si l'on est certain des dates, aider le mâle en tenant la chienne. On veillera à ce que les deux partenaires n'aient pas pris de repas depuis moins de six heures, qu'ils aient fait leurs besoins. La saillie peut durer de dix à cinquante minutes dès que les animaux sont « accolés ». Cette phase dite de *pénis-captivus* est due à un gonflement du corps caverneux du pénis du chien. Toute tentative de séparation brutale peut être dangereuse. La position tête-bêche adoptée par les animaux est tout à fait normale.

La saillie terminée, les deux partenaires se lèchent, les organes génitaux du mâle se trouvant hors du fourreau. On maintiendra la chienne au calme.

La gestation

La chienne porte environ soixante jours avec des écarts allant de cinquante-huit à soixante-trois jours. Au-delà, il est souhaitable de la faire examiner. Avant le vingt-cinquième jour, il est difficile d'établir avec certitude si la saillie a été féconde. On procédera par palpation abdominale et auscultation. Auparavant, il est possible que certaines chiennes présentent des signes de gestation : elles ont bon appétit et fréquemment sommeil, mais les apparences sont trompeuses, elles peuvent aboutir à une grossesse nerveuse ou simplement à quelques kilos en trop pour la chienne gourmande que l'on aura bien soignée.

Une chienne gestante doit être ménagée ; on évitera les exercices violents mais on ne tombera pas dans l'excès inverse et l'on veillera à lui en faire prendre suffisamment et régulièrement. Les chiennes bergères continuent de suivre leur troupeau jusqu'au dernier jour sans qu'elles-mêmes ou les chiots n'en pâtissent. La ration alimentaire doit augmenter en qualité et non en quantité car la capacité d'ingestion ira en diminuant. La lactation et la vigueur des chiots dépend donc de l'état général de la mère lors de la saillie et de la qualité de sa nourriture. La ration sera fractionnée au moins en deux repas auxquels on ajoutera des compléments de calcium et de vitamines selon les conseils du vétérinaire.

La naissance

La mise bas est précédée par un effondrement de la température habituelle de la chienne (syndrome de Liebenberger). Si l'on a une idée exacte de la température habituelle de l'animal, on observera qu'elle chute d'environ un degré moins de dix-huit heures avant les premières contractions. On peut également se fier à l'apparition de glaires légèrement teintées de sang. La chienne est inquiète, cherche à s'isoler et parfois fugue ; elle urine souvent et refuse de s'alimenter.

Il est nécessaire de l'habituer longtemps à l'avance au lieu de mise bas choisi, qui doit permettre une excellente surveillance. Il doit être bien isolé, au calme, et prévu pour une utilisation jusqu'au sevrage (parcours chiots attenant). A la naissance, les chiots ne sont pas en mesure de réguler leur température, il est donc fortement recommandé d'avoir un local qui puisse être chauffé. Le chiot qui a froid (ou faim) gémit sans arrêt.

Danaïs de la Vivaline, 5 ans et demi, et une portée de 24 heures. Propr. Mme Lépine

Alice de la Pointe aux Herbes et ses deux chiots Horus et Helena

Chiots dans la caisse de mise bas

La meilleure aide que l'on puisse apporter à une chienne lors de la mise bas est d'être présent et discret. Votre chienne aura été habituée à coucher dans une caisse de mise bas que vous aurez préparée dès la saillie. Celle-ci aura les dimensions d'un carré d'environ 110 cm de côté, les bords n'excédant pas 35 cm de haut. Le fond sera garni d'un matériau lavable (lino).

Une mère fatiguée ou inexpérimentée peut étouffer un chiot dans les jours qui suivent la naissance. Pour l'éviter, on fixe sur tout le périmètre une sorte de main courante d'environ douze centimètres de large, placée à douze centimètres du fond. Les chiots peuvent ainsi circuler autour de leur mère sans risques. Dès les premières contractions, il faut maintenir la chienne dans le local prévu et dans la caisse de mise bas. Après la première naissance, la chienne se calme, et sauf si l'endroit lui déplaît fortement, elle y restera. Le fœtus est enveloppé dans deux poches :

- l'allantoïde qui contient ses urines ;
- l'amnios qui contient le liquide amniotique dans lequel il baigne.

Une série de contractions espacées est suivie par de véritables efforts jusqu'à l'expulsion de l'allantoïde qui, en se perçant, libère les eaux. Très souvent, la chienne se relève, tourne et retourne sur elle-même, gratte le fond de la caisse. On peut lui donner un morceau de tissu propre pour l'occuper. Certaines chiennes mettent bas debout, d'autre couchées ; il n'y a pas de règle absolue. Le passage peut être douloureux. Queue dressée, la mère se plaint et le chiot enveloppé dans l'amnios apparaît.

En général, les chiennes s'en occupent presque immédiatement, mais si toutefois la vôtre tardait à intervenir, il faudrait dégager de la poche la tête du nouveau-né. Le chiot est léché vigoureusement : la mère avale les enveloppes et coupe le cordon ombilical. La fréquence entre chaque naissance est très variable ainsi que la durée de mise bas qui a souvent lieu la nuit. Entre chaque naissance, vous avez largement le temps de nettoyer la caisse, de pratiquer une coupe franche du cordon ombilical avec des ciseaux (à environ 2 cm du nombril) et de désinfecter celui-ci soigneusement à la teinture d'iode. Les dernières statistiques de la SCC (troisième trimestre 1993) donnaient une moyenne de 5,30 chiots par portée chez le Beauceron. En réalité, des portées de huit à dix chiots ne sont pas rares. Il vous faudra donc procéder au tri si vous n'avez pas la certitude de pouvoir écouler la totalité de la portée, l'euthanasie étant du ressort du vétérinaire.

Dans les jours qui suivent la mise bas, la mère peut avoir un peu de diarrhée due à l'ingestion des *délivres*. La chienne doit être calme sans être abattue, attentive à ses chiots et avoir bon appétit. L'utilisation d'un complexe homéopathique spécial *post-partum* est vivement recommandée, mais n'empêche pas de surveiller attentivement la chienne ; l'éleveur devant garder à l'esprit le risque de métrite et de mammite. Il faut faire prendre un minimum d'exercice à la mère qui, autrement, reste volontiers jour et nuit avec ses petits. Ceux-ci, s'ils n'ont ni froid ni faim, se manifestent peu, serrés les uns contre les autres, moitié dormant moitié tétant.

Le lait maternisé

L'allaitement artificiel ne se justifie que dans le cas de défaillance de la mère. C'est un travail délicat, astreignant, qui demande une grande rigueur et une grande propreté. On utilisera des laits en poudre spécifiques en vente chez les vétérinaires. Les huit premiers jours, il faut compter une dizaine de tétées par vingt-quatre heures. On se sert d'un flacon muni d'une tétine spéciale du genre de celle que l'on trouve sur les jouets d'enfants (tétines pour lapereaux) jusqu'à vingt et un jours. Chaque tétée doit être suivie d'une stimulation des zones anourinaires au moyen d'un coton imbibé d'eau tiède. Ces stimuli remplaçant la langue de la mère et provoquant la miction. Les chiots ainsi élevés ne bénéficient pas de la chaleur maternelle. Ils doivent donc être placés dans un local chauffé (selon le Dr Luquet à 32 °C les premiers jours, puis en diminuant progressivement jusqu'à 25 °C la quatrième semaine).

La règle est de donner le lait à volonté à une température de 30 à 35 °C.

Les quantités passent de 12 ml, par tétée et par chiot la première semaine, à 120 ml à quinze jours. A partir de la troisième semaine, on commencera à distribuer des bouillies de viande et de riz ou un aliment spécial chiots. Progressivement, dès cet âge, le lait sera donné à laper.

La plupart des chiots élevés au biberon ont un comportement social différent des autres. Leur relation avec l'homme et avec les autres chiens en reste définitivement marquée.

Le sevrage

La meilleure façon de bien suivre son élevage consiste à peser les chiots quotidiennement. Lorsqu'il n'y a pas de prise de poids ou lorsque celle-ci est inférieure à la moyenne des jours précédents, il est nécessaire de complémenter. On servira un, puis deux, puis trois petits repas par jour en augmentant les quantités progressivement. Le premier repas étant constitué d'une ou deux cuillères à soupe d'une bouillie de viande et de légumes par chiot. Dès lors, leur comportement va changer de même que celui de la mère. Celle-ci ne vous débarrassera plus des déjections de sa progéniture, il faudra y pourvoir vous-même. Les jeunes commencent à s'ouvrir au monde et entrent en relation avec vous et votre entourage. Peu à peu, la chienne se détache de sa portée. On lui installe une sorte de table basse inaccessible aux chiots où elle peut se retirer. De là, elle les surveille et intervient à sa guise. Le sevrage se fait naturellement. Durant toute la lactation, on aura bien entendu examiné quotidiennement les mamelles de la chienne. Les ongles des petits qui la griffent peuvent provoquer des mammites. On conseille donc de les épointer.

L'affixe

L'affixe est le nom que l'on peut donner à son élevage. Tous les chiots que vous produirez porteront avec leur « prénom » dont la première lettre change tous les ans cette dénomination qui vous engage personnellement. Les formalités sont les suivantes :
– demander par courrier l'autorisation du Club des amis du Beauceron ;
– demander par courrier un dossier de demande d'affixe à la SCC.

Dans ce dossier, vous proposerez trois noms. La Fédération cynologique internationale et la SCC vérifieront que le premier n'a jamais été déposé ni en France ni à l'étranger. En cas d'homonymie la SCC choisira votre seconde ou votre troisième proposition. L'affixe vous est concédé à vie. Il ne peut vous être repris qu'en cas de manquements graves aux règlements de la cynophilie.

La vente des chiots

On ne peut plus vendre de chiots à la sauvette. Toute vente d'animaux est soumise à un certain nombre de lois dont vous devez avoir pleinement connaissance, en particulier les articles du code suivant :

« *Art. 276-2.* - Tous les chiens et chats faisant l'objet soit d'un transfert de propriété à titre onéreux, soit d'une cession à titre gratuit par une association ou une fondation de protection des animaux doivent être, à la diligence du vendeur ou du donateur, préalablement identifiés par tatouage ou par tout autre procédé agréé par le ministre chargé de l'agriculture, selon les modalités fixées par décret en Conseil d'Etat.

« *Art. 276-3.* - L'utilisation habituelle d'installations en vue de la vente, du toilettage, du transit ou de la garde de chiens ou de chats est soumise à des règles sanitaires qui sont, ainsi que les modalités de contrôle correspondantes, fixées par décret en Conseil d'Etat.

« *Art. 285-1.*- Sont réputés vices rédhibitoires, pour l'application des articles *284* et *285* aux transactions portant sur des chiens :

a) la maladie de Carré ;
b) l'hépatite contagieuse (maladie de Rubarth) ;
c) la parvovirose canine ;
d) la dysplasie coxo-fémorale ; en ce qui concerne cette maladie, pour les animaux vendus avant l'âge d'un an, les résultats de tous les examens radiographiques pratiqués jusqu'à cet âge sont pris en compte en cas d'action résultant de vices rédhibitoires ;
e) l'ectopie testiculaire pour les animaux âgés de plus de six mois ;
f) l'atrophie rétinienne. »

Décret n° 90-572 du 28 juin 1990

Pris pour l'application du titre VI du livre II du Code rural et relatif aux vices rédhibitoires dans les ventes et échanges d'animaux domestiques (J.O. 8 juillet 1990) (Ed. G,N).

« *Art. 1er*. - Le délai imparti à l'acheteur d'un animal, tant pour introduire l'une des actions ouvertes par l'existence d'un vice rédhibitoire tel qu'il est défini au livre II du titre VI du Code rural que pour provoquer la nomination d'experts chargés de dresser un procès-verbal, est de dix jours sauf dans les cas désignés ci-après :

b) Trente jours (...) pour les maladies ou défauts des espèces canine ou féline mentionnés à l'article *285-1* du Code rural.

« *Art. 2.* - Dans les cas de maladies transmissibles des espèces canine ou féline, l'action en garantie ne peut être exercée que si un diagnostic de suspicion signé par un vétérinaire ou docteur vétérinaire a été établi selon les critères définis par arrêté du ministre chargé de l'Agriculture et de la Forêt et dans les délais suivants :

a) pour la maladie de Carré : huit jours ;
b) pour l'hépatite contagieuse canine : six jours ;
c) pour la parvovirose canine : cinq jours.

...

« *Art. 3.* - Les délais prévus aux *articles 1er et 2e* du présent décret courent à compter de la livraison de l'animal. La mention de cette date est portée sur la facture ou sur l'avis de livraison remis à l'acheteur. Les délais mentionnés au présent décret sont comptés conformément aux *articles 640, 641 et 642* du nouveau code de procédure civile.

« *Art. 4.* - L'ordonnance portant désignation des experts est signifiée dans les délais prévus à l'*article 1er*

du présent décret. Cette signification précise la date de l'expertise et invite le vendeur à y assister ou à s'y faire représenter. L'acte énonce également que l'expertise pourra se faire en l'absence des parties.
Le juge compétent peut ordonner de procéder sans délai à l'expertise en raison de l'urgence ou de l'éloignement, les parties étant informées de cette décision par les voies les plus rapides.

« *Art. 5.* - ... L'expertise n'est obligatoire que pour les actions en rédhibition. »

En dehors de ces lois, l'éleveur inscrit à la Société centrale canine est tenu de suivre les règlements de celle-ci grâce à quoi, si les devoirs du vendeur sont lourds, l'acheteur est très protégé. En ce qui concerne la SCC, elle interdit à ses éleveurs de vendre des chiots non déclarés au « Livre des origines français » (LOF). Il importe donc de respecter la procédure d'enregistrement qui est chronologiquement la suivante :

- vérifier que les géniteurs sont inscrits et confirmés ;
- remplir la déclaration de saillie, la faire parvenir ensuite dans les quatre semaines qui suivent à la SCC ;
- procéder à la déclaration de naissance remplie et expédiée en temps voulu ;
- faire tatouer les chiots ;
- expédier la déclaration de portée en temps voulu (SCC).

D'autre part, l'éleveur doit strictement se conformer au règlement de la FCI.

Le Règlement international d'élevage de la Fédération cynologique internationale

(adopté par l'Assemblée générale à Berne, en juin 1979)

Préambule

1. Les droits et obligations réciproques des propriétaires ou des possesseurs d'étalons et de lices sont déterminés par le droit national et les règlements pris par les Associations d'élevage et par les Associations cynologiques nationales, ainsi que par des conventions particulières. Dans les cas où de telles dispositions n'existeraient pas, c'est le Règlement international d'élevage de la FCI qui est alors mis en application.
Il est recommandé, de façon pressante, aux éleveurs, propriétaires ou possesseurs d'étalons, de déterminer, par écrit, les conditions dans lesquelles se fera la saillie, afin de créer une situation claire en ce qui concerne les obligations financières. Le Règlement d'élevage de la FCI doit être applicable pour tous les cas qui ne sont par réglés par le droit ou les Règlements d'élevages nationaux.

Transport et frais d'entretien de la lice

2. Il est recommandé aux propriétaires de lices d'amener la chienne à saillir auprès du mâle, soit personnellement, soit par une tierce personne.
Dans le cas où une chienne demeurerait plusieurs jours chez le possesseur de l'étalon, tous les frais en résultant tels que : alimentation, hébergement, soins vétérinaires éventuellement, ainsi que les dommages que la chienne viendrait à provoquer à l'installation d'élevage ou à l'habitation du possesseur de l'étalon, sont à charge du propriétaire de la chienne. Le transport de retour de la chienne s'effectue aux frais de son propriétaire.

Responsabilité

3. En conformité avec les dispositions légales ayant cours dans différents pays, est responsable des dommages pouvant être causés par l'animal, la personne qui, au moment du dommage, assure l'hébergement et les soins de l'animal.
Dans le cas où la chienne demeure un ou plusieurs jours sous la surveillance du possesseur de l'étalon, ce dernier est considéré, de par la loi, comme assurant la garde de l'animal, et de ce fait, est responsable des dommages que la chienne pourrait occasionner à des tierces personnes.
Le possesseur (personne assumant la garde) de l'étalon doit tenir compte de ce qui précède, lors de la conclusion d'un contrat d'assurance personnel en responsabilité civile.

Décès de la chienne

4. Dans le cas où la chienne viendrait à décéder pendant son séjour chez le possesseur de l'étalon, ce dernier s'oblige, à ses frais, à faire constater le décès et sa cause par un médecin vétérinaire. Il informe, de la manière la plus rapide possible, le propriétaire de la chienne, du décès et de sa cause.
Dans le cas où le propriétaire désirerait voir la chienne décédée, il ne peut s'y refuser.
Dans le cas où le décès serait occasionné par la faute du possesseur de l'étalon, ce dernier est tenu à verser des dommages et intérêts envers le propriétaire de la chienne.
Dans le cas où aucune faute ne peut lui être reprochée, il appartient au propriétaire de la chienne de rembourser au propriétaire de l'étalon tous les frais en corrélation avec le décès de la chienne.

Choix de l'étalon

5. Le possesseur de l'étalon s'oblige à ne faire saillir la lice que par l'étalon prévu, à l'exclusion de tout autre. Dans le cas où l'étalon ne procéderait

pas à la saillie, la lice ne peut être mise en rapport avec un autre étalon qu'avec l'accord du propriétaire.
De toute façon, il est interdit de laisser saillir une lice par deux ou plusieurs étalons pendant ses mêmes chaleurs.

Saillie erronée

6. Dans le cas où il y aurait accidentellement, mais non intentionnellement, une saillie par un étalon autre que celui convenu, le possesseur de l'étalon qui a pris la lice sous sa garde est obligé de rembourser au propriétaire de la lice tous les frais occasionnés par cette saillie erronée.
Après une saillie non intentionnelle par un étalon autre que celui prévu, il est interdit de procéder à une nouvelle saillie avec l'étalon qui avait été prévu à cet effet. Le propriétaire de l'étalon ne peut en aucun cas, pour une telle saillie, prétendre imposer des obligations financières à l'encontre du propriétaire de la lice.

Attestation de saillie

7. Le propriétaire de l'étalon certifie, par la rédaction d'une attestation, de l'exécution correcte de la saillie. Il confirme, en apposant sa signature sur le document, qu'il a effectivement été témoin oculaire de la saillie.
Pour le cas où les services tenant le Livre des Origines d'un pays où la portée doit être enregistrée prévoient certains formulaires spéciaux, il appartient au propriétaire de la lice de se les procurer, de les remplir correctement et de les présenter à la signature du possesseur de l'étalon.
Cette attestation de saillie doit contenir obligatoirement les renseignements suivants :
a) nom et numéro d'inscription au Livre des Origines de l'étalon ;
b) nom et numéro d'inscription au Livre des Origines de la lice ;
c) nom et adresse de l'éleveur ;
d) nom et adresse du propriétaire de la lice au moment où aura lieu la saillie, et, éventuellement, la date d'acquisition de la lice ;
e) lieu et date de la saillie ;
f) signature du possesseur de l'étalon et du propriétaire de la chienne ;
g) dans le cas où les services tenant le Livre des Origines exigent pour l'inscription des chiots une photocopie certifiée conforme ou extrait certifié conforme du pedigree, il appartient au possesseur de l'étalon de remettre à titre gratuit ces documents à la disposition du propriétaire de la lice.

Dédommagement pour la saillie

8. Il est recommandé au possesseur de l'étalon, de ne signer l'attestion de saillie qu'après paiement du prix préalablement fixé

pour la saillie. Une rétention de la lice en tant que gage n'est toutefois pas permise.

9. Si l'étalon dont il a été convenu ne procède pas à saillie, pour quelque raison que ce soit ou parce que la lice ne se laisse pas saillir, faisant que la saillie n'a pas été effectivement exécutée, le possesseur de l'étalon n'en garde pas moins le droit aux dédommagements prévus à l'article 2, mais ne peut prétendre au prix convenu pour la saillie.

10. Pour ce qui concerne la descendance de l'étalon, le possesseur de l'étalon n'a pas droit, vis-à-vis du propriétaire de la lice, à des dédommagements autres que ceux prévus pour la saillie.
Il n'a aucun droit de se faire remettre un chiot, sauf si le propriétaire de l'étalon désire en garder un pour son propre élevage, sous condition de ne pas le vendre.
Lorsque les parties se sont mises d'accord pour la remise d'un chiot en tant qu'indemnité pour la saillie, cet accord doit être formulé par écrit et avant la saillie. Dans un tel accord, les points suivants doivent absolument être précisés et respectés :

a) le moment du choix du chiot par le propriétaire de l'étalon ;
b) le moment de la remise du chiot au possesseur de l'étalon ;
c) le moment à partir duquel le droit au choix par le possesseur de l'étalon est irrévocablement prescrit ;
d) le moment à partir duquel le droit de prise est irrévocablement prescrit ;
e) le règlement des frais de transport ;
f) les accords spéciaux pour le cas où la lice ne met bas que des chiots mort-nés ou qu'un seul chiot vivant, ou pour le cas où le chiot choisi viendrait à décéder avant la remise.

La lice demeure vide

11. Après une saillie exécutée correctement, on considère que l'étalon a satisfait à ses obligations, et que, dès lors, les conditions pour avoir droit au dédommagement convenu sont remplies.
Elles ne constituent pas une garantie quant au fait que la lice soit pleine. Il est laissé à l'appréciation du propriétaire de l'étalon, lorsque la lice demeure vide, soit d'accorder à une prochaine chaleur de cette dernière une nouvelle saillie à titre gratuit, soit de rembourser une partie de l'indemnité obtenue pour la saillie, dans le contrat de saillie.
Le droit convenu à une saillie gratuite s'éteint toutefois, en principe, au décès de l'étalon ou lors du changement de possesseur de ce dernier ou avec le décès de la lice.

Insémination artificielle

12. En cas d'insémination artificielle de la lice, le vétérinaire qui a

recueilli le sperme de l'étalon doit certifier, à l'aide d'une attestation à remettre au service tenant le Livre des Origines où les chiots doivent être enregistrés, que le sperme émane bien de l'étalon dont il a été convenu. Les attestations prévues à l'article 7 (*a* à *g*) doivent être mises à la disposition du propriétaire de la lice par le possesseur de l'étalon, et à titre gratuit.
Tous les frais encourus pour recueillir le sperme sont à la charge du propriétaire de la lice. Les frais relatifs à l'insémination sont également à la charge du propriétaire de la lice. Le docteur vétérinaire qui procède à l'insémination de la lice doit confirmer auprès des services tenant le Livre des Origines, que la lice a bien été inséminée à l'aide du sperme provenant de l'étalon prévu pour la saillie. Dans cette attestation, il convient de faire figurer également, le lieu et la date de l'insémination, le nom et le numéro d'inscription au Livre des Origines de la lice, ainsi que le nom et l'adresse du propriétaire de la lice.
Le propriétaire de l'étalon fournissant le sperme doit délivrer au propriétaire de la lice, en plus de l'attestation fournie par le docteur vétérinaire, une attestation officielle de saillie.

Cession du droit d'élevage

13. On considère, de manière générale, que le propriétaire de la lice, au moment de la saillie, est l'éleveur de la portée. Le droit à l'utilisation de la portée d'une lice ou d'un étalon peut être transféré, par accord conctractuel, à une tierce personne.
Un tel transfert doit, dans tous les cas, être attesté par écrit, avant la saillie projetée. Une telle cession du droit d'élevage, constatée par écrit, doit être déclarée à temps au service compétent du Livre des Origines, et éventuellement, à l'association d'élevage compétente pour cette race. Elle doit être jointe à la déclaration de la portée.
Il convient de décrire très exactement dans la cession du droit d'élevage les droits et obligations des deux parties contractantes.
La tierce personne, qui prend temporairement le droit d'élevage d'une lice, est considérée comme le propriétaire de celle-ci, au sens du présent règlement, pour une période allant de la saillie, jusqu'au moment du sevrage.

Inscription des chiots au Livre des Origines

14. Sauf dispositions contraires, on considère que le nouveau propriétaire, lors d'une vente d'une chienne pleine, est automatiquement l'éleveur de la portée à venir. Les chiots sont inscrits au Livre des Origines du pays dans lequel le propriétaire de la lice a sa résidence habituelle, et portent son affixe.
15. Les chiots sont inscrits, en principe, au Livre des Origines du pays

où le propriétaire de la lice a sa résidence habituelle.
En cas de contestation, il doit produire une attestation de l'autorité tenant le registre des domiciles (résidences habituelles).
Des exceptions sont tolérées pour les éleveurs de chiens de race vivant dans un pays ne tenant aucun Livre d'élevage reconnu par la FCI. Il est laissé à l'appréciation de ce dernier, de procéder à l'inscription des chiots dans un Livre d'élevage reconnu.

Les règlements d'élevage des pays membres

16. Les Règlements d'élevage des pays membres ne peuvent contenir de dispositions qui seraient en contradiction avec le présent Règlement d'élevage de la FCI.

Dispositions finales

17. Ce règlement remplace la « Coutume internationale d'élevage de Monaco » de l'année 1934. En cas de divergence d'interprétation, le texte allemand est déterminant.

Adopté à l'Assemblée générale de la FCI des 11 et 12 juin 1979 à Berne (Suisse).

LIVRE OUVERT - LIVRE FERME - LIVRE D'ATTENTE

• Le devenir d'une race dépend du nombre de géniteurs, à effectif restreint, diversité génétique limitée. C'est la raison pour laquelle à l'intérieur du LOF, certaines sections sont ouvertes, c'est-à-dire qu'on y inscrit les chiots issus de parents connus et immatriculés, ce sont les inscriptions au titre de la descendance, mais également suivant un protocole variable selon la race, sont inscrits des chiots non déclarés à la naissance ou de parents inconnus. Ce sont les inscriptions dites « à titre initial ». Pour le Beauceron et le Briard, le livre est ouvert.

• Lorsque les effectifs permettent de garantir le polymorphisme génétique d'une race on peut décider de n'y inscrire que les chiots issus de parents connus, c'est-à-dire inscrits. Sur les 300 sections du LOF, 9 seulement sont fermées : Berger allemand, Berger belge, Bouvier des Flandres, Boxer, Caniche, Doberman, Fox terrier, Spaniel, Teckel.

• Cependant, il est possible d'inscrire sur un livre d'attente des chiots dont la descendance au bout de trois générations d'inscriptions pourra être intégrée au livre fermé si toutefois tous les sujets de cette lignée sont reconnus aptes par les experts confirmateurs qui les auront examinés.

LE LIVRE DES ORIGINES FRANÇAIS (LOF)

En France, de 15 à 20 % de la population canine est inscrite au LOF, livre officiel dans lequel sont portées les généalogies de tous les chiens de race dans notre pays. Ce livre permet de connaître les ascendants ou descendants d'un animal, le suivi des différentes lignées, répertoriées grâce à l'enregistrement des récompenses obtenues par chaque chien, notamment en expositions.
On peut donc repérer les meilleures lignées et les meilleurs reproducteurs.
L'inscription au LOF des chiens se fait au titre de la descendance, au titre initial et au titre de l'importation après confirmation.

Les Champions

La Société Centrale Canine

Créée en 1882, la SCC qui rassemblait les amateurs de beaux et bons chiens de l'époque s'est donnée pour but :
d'améliorer les races canines françaises et de sauvegarder, voire de reconstituer celles en voie de disparition, de promouvoir toutes les races de chiens en France, de coordonner l'action et l'activité de ses adhérents et enfin d'assurer les relations internationales de la cynophilie française.
Elle est depuis ce jour la plus haute autorité nationale en matière de chiens, et a été chargée de deux missions particulièrement lourdes :
- la tenue du Livre des origines français, le LOF ;
- la gestion du Fichier central.

Le Livre des origines français

C'est en quelque sorte l'arbre généalogique des chiens français de race. Au terme d'une procédure déjà évoquée, chaque éleveur de chiens de race inscrit ses produits au Livre. Après diverses vérifications, la SCC délivre à l'éleveur qui vous le remettra le certificat de naissance. Ce certificat ne constitue pas le « pedigree » car ce document officiel ne pourra être délivré au propriétaire du chien qu'après l'examen de confirmation pratiqué lors des expositions organisées par la SCC ou par une société régionale affiliée. Cet examen, effectué par un juge mandaté par la SCC, consiste à vérifier, à l'âge de quinze mois, que le chien est bien conforme au standard de sa race.

Sur trois cents races répertoriées, la SCC enregistrait en 1991 : 147 000 naissances et 50 000 confirmations.

Le fichier central

Il répertorie tous les chiens tatoués, qu'ils soient ou non de race. En 1991, grâce au tatouage, 50 000 chiens ont pu retrouver leurs maîtres.
Outre ces deux missions, la SCC remplit d'autre rôles.

Rôles de la SCC

La SCC coordonne les activités de vingt-sept sociétés canines régionales et patronne chaque année vingt-quatre expositions internationales, cent quarante-cinq expositions nationales ou régionales, et plus de mille concours. Elle groupe plus de quinze mille éleveurs qui en acceptent les règlements et qu'elle peut inspecter à tout moment. Quatre-vingt-dix clubs de race sont sous sa tutelle, elle exerce un rôle de médiateur, d'animateur et de gestionnaire par l'intermédiaire de ses différentes commissions.

La Fédération cynologique internationale (FCI)

Fondée en 1911, la FCI est un lieu de rencontres et d'échanges de toutes les sociétés cynophiles nationales. Entre autres tâches, elle enregistre les standards des races émanant de leur pays d'origine.

Les expositions

A quoi servent les expositions ? Le propriétaire d'un chien n'expose que pour le seul plaisir de passer une journée avec d'autres amateurs de la race qu'il a choisie.
L'éleveur, amateur ou professionnel, expose pour comparer sa production à celle des autres, revoir des sujets issus de son élevage, progresser dans sa sélection grâce aux jugements qui sont rendus.
Pour le Club de race, les expositions permettent d'apprécier l'évolution de la population canine qu'elle a en charge.
Il existe plusieurs types d'expositions.

• Les expositions régionales et nationales organisées par le club une fois par an et qui sont réservées aux seuls Beaucerons. Il s'agit d'expositions d'élevage dont le but est de permettre une sélection nationale dans la race. Outre le CACS, on y décerne des titres particuliers (un système de cotations allant de 1 à 6) et les titres de reproducteur d'élite A ou B correspondant aux cotations 5 et 6. Vous aimez votre Beauceron ? Participez à ces réunions, vous y apprendrez beaucoup et vous permettrez à l'élevage de cette race d'évoluer en maintenant ses qualités.

Anna de la Pointe aux Herbes, vainqueur du Grand Prix Pedigree Pal en 1991. Propr. M. Lebœuf (Photo : Sanches)

• Les expositions nationales de beauté.

• Les expositions internationales de beauté.

• L'exposition de championnat de la SCC. Elle se tient depuis quelques années à Longchamp. Cette exposition de prestige est en quelque sorte la vitrine de l'élevage français.

• L'exposition mondiale. Elle se tient une fois par an, chaque fois dans un pays différent. Y sont attribués le CACIB et le CACS. Le titre de Champion du monde de Beauté est improprement utilisé. On ne devrait parler que de vainqueur de la mondiale.

Se préparer à l'exposition

Avec une race comme le Beauceron, il n'est pas besoin d'une préparation particulière hors des soins de

toilettage habituels, donc pas de bain la veille.
Sur le ring, votre rôle consiste à mettre le plus possible en valeur les qualités naturelles de votre chien : le juge doit le trouver calme mais en attitude d'éveil, ni avachi ni surexcité. Il est donc souhaitable qu'il sache parfaitement marcher et trotter en laisse et se tenir debout immobile. D'autre part, votre chien aura été habitué à être manipulé car le juge devra pouvoir examiner ses dents, ses yeux, ses testicules (pour les mâles), son tatouage. Rien n'est plus désagréable pour un juge que les chiens qui, trottant autour du ring, cherchent à mordre leurs congénères, tirent sur leur laisse ou se font traîner, sautent, gambadent, aboient et se contorsionnent en tous sens dès qu'il est question de les toucher ou de les regarder de près. Dans ces conditions, comment les apprécier et porter sur eux un jugement ?
Les expositions sont annoncées plusieurs mois à l'avance dans la presse canine spécialisée, parfois dans la presse locale, mais il est également possible de connaître les lieux et dates en s'adressant directement à la SCC. C'est auprès des sociétés canines régionales organisatrices que vous retirerez votre feuille d'engagement. Après l'avoir remplie et pris connaissance du règlement, vous la retournerez avant la date limite, les engagements le jour de l'exposition étant interdits. Plusieurs classes vous sont proposées, mais vous ne pouvez engager votre chien que dans une seule.

Classe débutant : entre neuf et douze mois. Dans cette classe, pas de classements, pas de récompenses. Le juge délivre seulement des appréciations :
- AP : assez prometteur ;
- P : prometteur ;
- TP : très prometteur.

Classe jeune : entre douze et dix-huit mois. Cette classe donne lieu à divers « qualificatifs » :
- AB : assez bon (carton jaune) décerné à un chien bien dans le type, mais sans qualités notoires ;
- B : bon (carton vert) décerné à un chien qui possède toutes les caractéristiques de la race, mais avec des défauts non rédhibitoires ;
- TB : très bon (carton bleu) décerné à un chien parfaitement typé, bien proportionné, en bonne condition physique, à qui on peut reprocher quelques légers défauts non morphologiques. Ce qualificatif est très honorable, on l'oublie trop souvent. Ne peuvent y prétendre que des chiens susceptibles d'être utilisés pour la reproduction ;
- EXC : excellent (carton rouge). Ce qualificatif est attribué au chien proche de l'idéal.

Classe ouverte : à partir de dix-huit mois. Outre les qualificatifs précédents et le classement, la classe ouverte donne accès aux récompenses très recherchées que sont :

- le CACS (certificat d'aptitude au championnat de conformité au standard) décerné dans les expositions nationales et internationales. Il est réservé au premier EXC des classes « ouverte » et « travail » ;
- la RCACS (réserve de certificat...) attribuée au 2e EXC ;
- le CACIB (certificat d'aptitude au championnat international de beauté) décerné lors des expositions internationales de beauté au premier EXC des classes « ouverte », « travail » ou « Champion » ;
- la réserve de CACIB.

Classe travail : elle est réservée au chien titulaire d'un brevet de travail (ring, pistage, troupeau, etc.) qui va concourir directement avec les meilleurs des autres classes pour l'attribution du CACS ou du CACIB.

Classe champion : elle est réservée aux chiens officiellement champions de beauté nationaux ou internationaux âgés au minimum de quinze mois.

La confirmation

En quoi consiste l'examen de confirmation ?
Il a lieu en exposition dès l'âge de quinze mois (et au-delà). Vous inscrirez votre chien dans la classe correspondant à son âge en spécifiant sur le formulaire d'engagement qu'il doit être confirmé. Il sera demandé à votre chien les mêmes choses que celles exigées aux chiens exposés dans les autres classes :

- marcher et trotter en laisse autour du ring pour que le juge puisse (entre autres) apprécier ses allures ;
- toujours en groupe, se tenir debout, immobile, en éveil, afin de juger de ses attitudes, expressions et morphologie générale ;
- puis, vous serez appelé au centre du ring pour un examen individuel portant sur la denture, la couleur de l'œil, l'état du poil, le double ergot, la taille, etc...

Rien de très compliqué en somme ! On ne peut donc que s'étonner du peu de chiens issus de géniteurs de race présentés chaque année à la confirmation...

Exposition-mode d'emploi

Trop souvent, malgré les efforts des organisateurs, les expositions laissent aux visiteurs l'image d'un rassemblement disparate, sale, désordonné et bruyant. Les allées réservées au passage du public sont encombrées d'un bric-à-brac de tables, chaises, glacières, sacs de toutes sortes. Impossible de circuler,

Danaïs de la Vivaline en exposition, Ch. E. BT. Recom. Tan. T. Propr. Mme Lépine

ou de voir les chiens tapis dans leur cage. Ailleurs, c'est le désert. Des centaines de cages vides, alors qu'on a payé pour « voir » des animaux.

• Prévoyez une gamelle en plastique pour faire boire votre chien ainsi qu'une couverture, une laisse, un collier. Tous ses papiers (carnet de santé, carte de tatouage, inscription au LOF) et votre carte d'exposant.

• Vous disposerez d'un carton portant votre numéro d'exposant. Gardez-le, comme il se doit, durant toute la manifestation épinglé sur vous de façon visible. Ceci facilitera le travail du juge et permettra aux visiteurs de vous reconnaître comme étant le propriétaire de tel chien inscrit sous tel numéro dans le catalogue.

• S'il est naturel de ne pas laisser son chien enfermé toute la journée dans la cage, il faut, par courtoisie envers le public, l'y laisser une grande partie de la journée, vous-même restant à la disposition des intéressés pour répondre à leurs questions. (Est-il vraiment nécessaire, pour cela, d'installer un campement nomade devant la cage ?)

• Ne cherchez pas à forcer les portes de sortie avant l'heure prévue par les organisateurs, quels que soient les résultats obtenus par votre chien.

• Souvenez-vous que les jugements sont sans appel, que le carton TB est une distinction plus qu'honorable, que ce n'est pas vous qui êtes jugé, mais votre chien !...

Les distinctions

Le titre de Champion de Beauté s'est transformé en « Champion de Conformité au Standard » (CH.CS).

*Berry des Vallées Cathares, champion de France d'Agility en 1990. Propr. M. Descazeaux (*Photo : *Vos chiens Magazine)*

Balika, champion de France de Travail sur troupeau. Propr. M. Pillard

Pour pouvoir prétendre à ce titre, le chien doit avoir impérativement obtenu :

- un CACS dans une exposition nationale ;
- un CACS dans une exposition internationale ;
- soit le CACS de l'exposition de championnat ;
- soit le CACS de l'exposition nationale d'élevage ;
- avoir obtenu le qualificatif Excellent lors d'un test de caractère, être indemne de dysplasie de la hanche.

Le titre de Champion International de Beauté (CH.IB) est réservé à un chien ayant obtenu dans deux pays différents deux CACIB sous deux juges différents dont un décerné dans une exposition organisée en France, plus un titre de Travail (niveau 1 en RCI avec au minimum 70 % des points en pistage et obéissance et 80 % en défense).

Le titre de Champion de Travail (CH.T) et les Brevets de Travail : l'obtention de ces distinctions varie selon les disciplines. Pour le chien de troupeau, le Champion de travail aura obtenu trois CACT sous deux juges différents plus un Très Bon en exposition. Le CACT, en ce qui concerne cette discipline, ne peut être obtenu que par un chien classé premier dans un concours sélectif si le juge l'estime particulièrement brillant.

Test d'aptitude à l'éducation sociale du chien

Depuis le 1er décembre 1992, la SCC a mis en place un « Test d'aptitude à l'éducation sociale du chien ». Ni examen ni concours, ce test a été créé pour « valoriser et finaliser » le travail des propriétaires qui se sont efforcés, par leur assiduité aux cours d'éducation canine dispensés dans les clubs, d'intégrer au mieux leur chien dans la société. Les « épreuves » sont les suivantes.

Présentation (oral)

Le maître présente son chien :

- nom, âge, race ;
- carnet de santé, certificat de vaccination.

Le maître parle de son chien :

- ses habitudes ;
- ses qualités, ses défauts ;
- son activité, son rôle.

Le jury appréciera la propreté du chien et son allure générale.
Ce test permet au jury de vérifier si le maître connaît bien son chien et s'il s'en occupe.

Tests pratiques, rapports chien/maître

Conduite

Marche en laisse : pour une promenade avec changement de direc-

tion, changement d'allure et arrêts. (On peut utiliser un parcours matérialisé par des plots et donner des instructions de marche.)
Pendant cet exercice, le chien marchera à côté de son maître, sans tirer sur la laisse ni être trop en retrait. Mais attention, il s'agit d'une allure de promenade donc pas de rigueur excessive.

Obéissance

Marche sans laisse : le chien ne doit pas s'éloigner de son maître.

Rappel : le chien éloigné d'une dizaine de mètres de son maître sera rappelé « au pied ». Plusieurs commandements sont autorisés. Le chien devra revenir vers son maître sans trop se faire prier.

Positions Assis-Couché : sur commandement du maître, le chien prend la position « Assis ou couché ». Plusieurs commandements sont autorisés.

Couché en l'absence du maître : le chien sera mis à l'attache puis, le maître, après avoir ordonné au chien de rester sur place, s'éloigne pour se mettre hors de vue pendant une minute.
Le chien restera tranquillement assis ou couché sans chercher à rejoindre son maître.
Ce test permet d'évaluer le degré d'autorité du maître sur son chien.

Sociabilité

Approche d'une personne étrangère qui vient saluer le maître:le chien ne doit pas avoir de réaction agressive envers l'étranger.

Evolution au milieu d'une foule : le chien, tenu en laisse, sera conduit au milieu d'un groupe (minimum 10 personnes dont trois avec un chien).
Le chien ne doit manifester aucune inquiétude particulière, ni agressivité.

Examen : le chien est assis près de son maître, un membre du jury s'approche, caresse le chien et le palpe.
Le chien ne doit pas avoir de réaction agressive.
Ce test de sociabilité correspond à la situation de la vie quotidienne et montre que le chien accepte :
- *la présence d'un étranger qui vient saluer son maître ;*
- *d'évoluer au milieu d'une foule et de côtoyer d'autres chiens ;*
- *de se faire examiner (vétérinaire).*

Aspect civique et juridique (oral)

- Présentation par le maître d'un équipement « ramasse-crotte » (gant plastique, pelle) et démonstration de son utilisation.

- Comportement avec son chien en milieu urbain (ville).
- Comportement avec son chien en milieu rural (campagne, montagne).
- Quand un chien est-il considéré en « divagation ».
- Responsabilité civile du maître vis-à-vis des tiers.

Ce test permet au jury de vérifier que les maîtres ont acquis :

- *une motivation civique qui les incite à ramasser les déjections de leur chien ;*
- *le respect de l'environnement et des règlements élémentaires lorsqu'ils se trouveront en milieu rural ou urbain.*

Le Beauceron : chien d'utilité

Comme tous les chiens dits du premier groupe, c'est-à-dire les bergers, le Beauceron a un immense besoin d'activité autant pour des raisons physiques (c'est un athlète) que pour des raisons mentales. Le travail est sa raison d'être et conditionne sa forme et son équilibre.

Les activités utilitaires

Le gardiennage des troupeaux

C'est sa mission principale, celle pour laquelle il a été sélectionné. Dans cette discipline, il montre rigueur, courage et méthode qui, outre sa rusticité, le font apprécier depuis toujours. Tous les amateurs de Beauceron devraient assister, au moins une fois, à un concours sur troupeau organisé par la SCC. Ils y verraient le Beauceron révélé. Dans cette discipline, la race est encore fort bien représentée par des conducteurs de talent comme MM. Pillard, Legall, Jolly, Plisson, Carion, Jusseaume pour ne citer qu'eux. Il est faux d'ailleurs, de prétendre, comme on l'entend souvent, qu'il n'y a plus de troupeaux à garder et que, de ce fait, les races bergères sont employées dans d'autres domaines. En effet, la demande en bons chiens de troupeaux est au contraire en évolution et le Beauceron devrait trouver à développer ses talents dans les prochaines années, principalement chez les éleveurs de bovins qui recherchent de plus en plus des chiens capables d'un effort soutenu, d'un impact et d'une puissance sans violence, et d'une très

SCHEMA DU PARCOURS BOVINS (DOC. INSTITUT DE L'ELEVAGE)

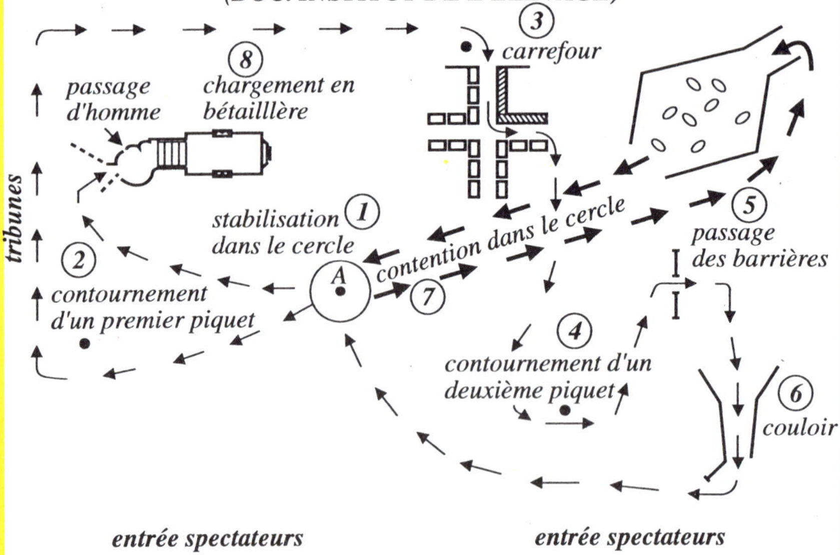

➞ *recherche et rassemblement exécutés par le chien seul, le conducteur restant à poste fixe au point A*

→ *conduite et passage des épreuves du troupeau avec le conducteur et son chien*

REGLEMENT DE PARCOURS POUR BOVINS 1993 (EXTRAIT D'UN DOCUMENT AFBC)

Conditions

Les concours de chien de travail sur bovins autorisent deux classes :

- *la classe I : ouverte aux débutants ;*
- *la classe II : ouverte aux conducteurs se sentant plus d'expérience.*

Le parcours est divisé en deux phases (sauf pour la classe I) :

- *la première qui consiste en un travail du chien à distance de son maître qui reste à poste fixe ;*
- *la deuxième où le conducteur et son chien déplacent les bovins dans une succession d'exercices. Dans cette seconde phase il est tenu compte du passage des exercices et de la conduite des animaux entre les exercices. Le*

déroulement du parcours s'inspire des exigences du travail quotidien. La rentrée sur le terrain se fait chien aux pieds par un endroit précisé par le juge ; au départ le chien est aux pieds du maître.

1) ***Recherche, rassemblement*** *: voir parcours.*

• Classe I : le conducteur part avec son chien jusqu'à l'entrée de la parcelle sans y pénétrer. Il envoie son chien rassembler les animaux, puis les amène, avec l'aide de son chien, jusqu'au cercle dans lequel il les maintient avant de poursuivre le parcours qui sera alors identique pour les deux classes.
• Classe II : le conducteur se place au centre du cercle et envoie son chien chercher les bovins lâchés dans la parcelle. Le chien rassemble les animaux et les ramène dans un cheminement le plus droit possible dans le cercle dans lequel ils seront maintenus avant de poursuivre le parcours. Pendant toute cette phase, le conducteur ne doit pas quitter le centre du cercle.

2) ***Passage des barrières*** *: le passage entre deux barrières de 4 m doit faire 8 m. Tous les animaux doivent passer entre les barrières.*

3) ***Couloir de contention*** *: prévoir un couloir de contention ; à défaut de couloir, on utilisera un passage rétréci. Le conducteur et son chien doivent amener les animaux dans le couloir fermé à son extrémité. Une fois deux bêtes engagées dans le couloir, le conducteur ouvre la porte et continue son parcours en faisant passer les autres animaux dans le couloir.*

4) ***Carrefour*** *: le passage doit s'effectuer en angle droit sans qu'aucune bête ne déborde du cheminement prévu.*

5) ***Contention dans le cercle*** *: le carrefour étant passé, le conducteur ramène les bovins dans le cercle et demande à son chien de les y contenir pendant qu'il se rend à la bétaillère.*

6) ***La bétaillère*** *: prévoir une bétaillère. Sinon, on construira un parc de rentrée selon les normes suivantes : largeur = 2,30 m ; longueur = prévoir une surface de 1,6 m^2/bovin ; hauteur = 1,60 m. Il sera construit avec des barrières pleines.*
Cet exercice doit se situer sur le parcours appuyé sur une clôture (ne pas utiliser de barbelés) de 20 m de long à partir de l'arrière de la bétaillère ou du parc. Un ruban de 10 m matérialisant un entonnoir fixe dont l'angle prolonge la diagonale de la bétaillère, ou du parc, y sera accroché. Une fois la porte de la bétaillère ouverte, le conducteur demande à son chien de lui amener les bovins afin de les y charger. Lorsque la porte est fermée, le parcours est considéré comme terminé. Dans le cheminement général, il est recommandé d'espacer les exercices d'au moins 50 mètres.

grande obéissance. Tout ceci en raison des nouvelles méthodes d'élevage dues à la conjoncture économique actuelle.

Défense et protection

Le Beauceron n'est pas un chien d'appartement. S'il y vit parfois,

*Domie conduit par M. Carion en concours (*Photo : *Vos chiens magazine)*

c'est uniquement par amitié pour son maître et si celui-ci est en mesure de lui donner tout l'exercice et les responsabilités dont il a besoin.

Compte tenu de ses origines, le Beauceron, du moins certaines souches, est employé avec succès dans la garde et la défense des personnes

Démonstration de travail par Balika et M. Pillard lors de l'exposition de championnat à Longchamp

Rassembler et ramener dans le calme : Domie au travail

*Epreuve du dépassement de véhicule lors d'un concours sur troupeau : Daho conduit par M. Plisson (*Photo : *Vos chiens magazine)*

et des biens. Il a tout le tempérament nécessaire. En raison de son excellent odorat, il travaille dans les services de police et des douanes comme chien détecteur de drogue, de fuite de gaz et d'explosif.

On trouve des Beaucerons utilisés comme chiens de recherche en décombres. Leur mission, consistant à localiser les personnes ensevelies après un séisme, demande des chiens d'un grand calme, en raison des conditions d'opération (incendie, bruit d'explosion, allées et venues de personnel et d'hélicoptères). Le Brevet national de maître-chien dans cette discipline s'obtient, après une sélection préalable, au centre de Briançon, au terme d'un stage d'une quinzaine de jours.

Les Beaucerons sont également utilisés comme chiens d'avalanches. L'accès au Brevet est de préférence réservé aux personnes vivant en montagne. Après une sélection préalable dont un test de ski, un stage de formation d'une durée de quinze jours est également exigé.

Le Beauceron s'emploie aussi dans la recherche des personnes disparues. Il existe un Brevet national dans cette spécialité (maître-chien de recherche et de sauvetage de personne égarées). Une formation intensive est dispensée au centre de Briançon.

Notons encore que le Beauceron a

Le juge Vadakarn apprécie l'agressivité éventuelle d'un Beauceron dans le cadre d'un TANT (Test d'aptitude sur troupeau)

pu être utilisé comme chien-guide d'aveugle.

Les activités ludiques ou sportives

A côté de ces activités utilitaires, il existe des activités qui, quoique « ludiques ou sportives », peuvent, lorsqu'elles sont pratiquées régulièrement, concourir au bon équilibre de votre chien. Citons en premier lieu l'Agility.

L'Agility

D'« invention » récente, officialisée en France depuis 1988, ce jeu, qui exige beaucoup de maîtrise de soi-même et de son chien, consiste

Flash de la Vivaline à la balançoire

Bikie Praline passant le pneu

à faire franchir à l'animal toute une série d'obstacles plus déroutants les uns que les autres en un temps donné. Parmi ces obstacles :

- *la balançoire*, planche de trente à quarante centimètres de large, d'une longueur de quatre mètres vingt-cinq, pivotant sur un axe central situé à environ soixante-dix centimètres au-dessus du sol ;

- *le tunnel souple*, sorte de boudin flasque ;

- *le pneu*, placé à quatre-vingt-dix centimètres du sol, d'un diamètre de trente-huit à soixante cen-

Eaude de la Vivaline sur la passerelle…
et sur la palissade

Flash de la Vivaline saute la haie

Ci-contre, à gauche Flash de la Vivaline passe les piquets du slalom...

A droite, Anna de la Pointe aux Herbes attentive avant l'épreuve

timètres, doit être franchi d'un saut. De nombreux clubs canins initient et entraînent à l'Agility, sport ouvert à tous et à tous les chiens, qu'ils aient ou non des « papiers ».

L'Obéissance

C'est une toute nouvelle discipline dont le règlement a été approuvé par la SCC le 1er juillet 1992. Importée de Grande-Bretagne où elle compte des milliers d'adeptes, l'*obedience* comporte les épreuves suivantes :

- *suite au pied sans laisse;*
- *debout et assis durant la marche ;*
- *rappel avec debout et couché ;*
- *rapport d'objet avec saut de haie ;*
- *odorat et rapport ;*
- *positions à distance ;*
- *assis en groupe deux minutes ;*
- *couché en groupe trois minutes avec diversion ;*
- *impression générale.*

Les entraînements à l'Obéissance doivent amener le conducteur à une parfaite maîtrise de son chien et le chien à une complète écoute de son maître. Si certaines épreuves se retrouvent dans d'autres « sports », notamment le ring et qu'elles peuvent en avoir, du moins en apparence, l'aspect rigide, elles sont complétées par d'autres qui réclament un maximum de bon sens et d'initiative de la part de l'animal. Par exemple, l'épreuve *odorat et rapport* consiste en une recherche sur ordre : au début du concours, le conducteur reçoit un objet qu'il garde sur lui jusqu'à cette épreuve.

Sans le toucher avec ses doigts, un commissaire de ring le placera hors du regard du concurrent à une dizaine de mètres de lui parmi trois objets identiques. Au signal du juge, le conducteur, qui reste immobile, envoie son chien en recherche. Autre exemple, l'épreuve *couché en groupe* pendant trois minutes. Les chiens, par groupe de dix au maximum, sont placés à trois mètres les uns des autres et les conducteurs se retirent hors de leur vue. Le juge et un commissaire tournent alors autour des chiens et entre eux, notent toutes leurs réactions.

Le juge, dans son impression générale, devra « *tenir compte de la coopération entre le conducteur et le chien et entre les exercices. Tenir compte du plaisir pris par le chien pour effectuer son travail et de la volonté qu'il a à le faire. Le tempérament de chaque race devra être pris en considération* ». (Extrait du règlement de la SCC). Cette discipline, maintenant officielle, réservée au chien appartenant à une race reconnue sans qu'il soit nécessairement confirmé, possède ses propres distinctions :

- le CAC.O (certificat d'aptitude au championnat d'Obéissance) ;
- le titre de Champion d'Obéissance attribué au chien ayant obtenu trois CAC.O sous deux juges différents et au moins le qualificatif TRES BON en exposition.

Cani-cross, Trial-dog et Pulka sont des sports qui favorisent le goût pour la course que possèdent la plupart des chiens. Autant dire que le Beauceron est tout à fait à l'aise dans ces disciplines et que sa puissance en fait un auxiliaire idéal.

Le Cani-cross

Le Cani-cross est une course de fond pratiquée en compagnie de son chien, un « jogging » que l'on a réglementé. Les parcours ont une longueur d'environ cinq kilomètres (1,5 km pour le parcours enfants). Le coureur peut se faire tirer par son chien qui est équipé d'un harnais (le contraire est interdit !). Des clubs se sont formés et des compétitions sont organisées. Un minimum de sociabilité et d'obéissance est requis, le chien ne devant agresser personne durant la course, ni après évidemment.

Le Trial-dog

Ce sport se pratique avec un kart attelé, c'est la version européenne des courses de traîneaux. Cette discipline n'est pas encore officiellement reconnue. Plusieurs chiens travaillant de concert, il faut un certain talent pour mener l'équipage.

La Pulka

C'est un sport originaire de Scandinavie. Le terme de Pulka lui-même désigne une petite luge à laquelle le chien est attelé. L'homme suit à skis. Le Beauceron est tout à fait capable de faire un bon chien de Pulka. Tout dépend de la qualité des relations maître-chien car le Beauceron n'est pas un sprinter, c'est un coureur de fond. Le conducteur qui l'oublierait y perdrait son chien.

Le Pistage

Le Beauceron a du nez. On commence parfois simplement par jeu pour tester ses capacités et l'on finit en compétition de pistage. Ce sport peut se pratiquer seul, mais on trouvera une aide précieuse dans les clubs canins dotés d'une section pistage. En quoi consistent les épreuves ? On en distingue six : A, B,C, PJ, PF, ID.

- *A, épreuve débutants*, le conducteur reste immobile, le chien est libre. La piste tracée fait quatre cents mètres, elle comporte deux angles droits. Le chien y trouvera un objet à rapporter ;
- *B, épreuve un peu plus longue*, la piste fait six cents mètres. Le chien est libre, il doit retrouver et ramener un objet ;
- *C, piste de six cents mètres de de long* présentant cinq angles : trois angles droits, deux angles aigus et une fausse piste. Le chien est libre et a aussi un objet à retrouver ;
- *PJ (Police judiciaire)*. Cette épreuve s'effectue avec le chien en longe. Elle fait huit cents mètres de long, présente cinq à sept angles, une ou deux fausses pistes et deux objets à trouver ;
- *PF, il s'agit d'une recherche sur piste froide*, de huit cents mètres de long avec quatre angles et trois objets à trouver. Elle s'effectue chien en longe ;
- *ID (identification)*. Dans cette épreuve, le chien devra trouver trois objets et trois personnes, la piste fait huit cents mètres et comporte cinq à sept angles (chien en longe).

Le Cavage

Les réelles qualités du flair du Beauceron permettent également son utilisation pour la recherche des truffes. Activité parfois lucrative, parfois simple passe-temps, elle a maintenant ses propres compétitions et un règlement approuvé par la SCC. On y trouve deux classes : A et B. La classe A est réservée aux débutants. La classe B est réservée au chien capable de retrouver six truffes dispersées sur une surface d'environ vingt-cinq mètres carrés et qui ont été dissimulées au moins vingt-quatre heures auparavant.

La défense

Le Beauceron peut faire un bon chien de défense, mais il est quelquefois préférable, pour certains

Béring de la Cité des Grands Feux à l'entraînement Propr. Mme Lépine

sujets, de canaliser cet instinct, de le discipliner plutôt que de s'en remettre à la spontanéité parfois dangereuse. Dans ce domaine mi-ludique, mi-utilitaire, on trouve trois disciplines :
– le Ring ;
– le RCI ;
– le Campagne.

Pour tous les amateurs d'armes, et dans ce cas, le chien peut en devenir une, on rappellera que leur possession implique une parfaite connaissance de l'arme elle-même et des règles de sécurité élémentaires. Les chiens qui « font » du ring ne sont dangereux que dans les mains d'amateurs ou d'individus eux-mêmes dangereux. Dès lors que l'on a encouragé un chien à mordre, il faut impérativement le mener jusqu'au Brevet de Travail, l'obtenir et persévérer dans les entraînements.
Le Brevet de Travail comporte les épreuves suivantes :
– *suite en laisse et sans laisse ;*
– *refus d'appât ;*
– *couché une minute en l'absence du maître ;*
– *défense du maître* (sous la menace d'une arme, deux coups de feu étant tirés en l'air pendant l'exercice) ;
– *attaque d'un individu placé à trente mètres.*

Qui dit attaque dit cessation, on comprend donc qu'il est impératif de ne pas interrompre le cycle de la formation tant que cette notion n'est pas parfaitement intégrée par le chien.

Le Ring

Cette discipline comporte elle-même trois échelons (I, II, III) aux

Max du Trenne Saint-Gilles à l'entraînement. Prod. M. Giannone, propr. M. Van Leer

Dior de la Vivaline, 11 mois, en action, Brevet. Ring I. Elite B. Propr. Mme Lépine

difficultés croissantes. En échelon I, outre les épreuves demandées au Brevet, on trouve :

- *des sauts d'obstacles ;*
- *un rapport d'objet lancé ;*
- *les positions sur ordre, assis, debout, couché ;*
- *plusieurs refus d'appâts qui ont été lancés ;*
- *une attaque de face d'un homme revêtu du costume et armé d'un bâton qui se défend en frappant – sans violence – le dos du chien ;*
- *une interception et l'attaque d'un homme en fuite (attaque fuyante) ;*
- *une défense du maître* juste après que celui-ci et l'assaillant se sont serré la main et ont bavardé quelques instants ;
- *la garde d'un malfaiteur.*

Dans les échelons suivants, on trouvera différents rapports d'objets, une garde d'objet, des refus d'appâts disséminés sur le terrain, la recherche et l'accompagnement d'un malfaiteur.

Le RCI

Le règlement de concours international est une triple discipline qui réunit : mordant, obéissance et pistage. En pistage, il est demandé au chien de retrouver deux objets qui ont été placés sur une piste d'environ quatre cents mètres et comportant deux angles droits. En obéissance, on trouve toute une suite d'exercices qui n'est pas sans rappeler celle de l'*Obedience*. En mordant, on trouve une recherche de l'homme d'attaque qui doit se conclure par des aboiements, une défense du maître et enfin, une attaque fuyante.

Le Campagne

C'est une discipline moins académique que le Ring. Elle demande au chien une très grande faculté d'adaptation, se déroule en plein air sur un parcours assez long et les organisateurs ne ménagent ni les pièges ni les surprises. On y retrouve des épreuves du genre de celles que nous avons évoquées dans les deux précédentes disciplines, plus le rapport d'un objet jeté dans l'eau et des sauts d'obstacles naturels.

Adresses utiles

Fédération cynologique internationale

13, place Albert 1er
6530 Thuin
Belgique

Société centrale canine

155, avenue Jean-Jaurès
93535 Aubervilliers Cedex
Fax : 01 49 37 01 20
Tél. : 01 49 37 54 00 (tous services)
01 49 37 54 90 (si vous êtes à la recherche d'un chiot)
01 49 37 54 54 (fichier central)

La SCC vous communiquera l'adresse de la Société canine régionale organisatrice d'expositions, de concours, dans votre région. Celle-ci pourra vous mettre en relation avec les Clubs d'utilisation et d'éducation les plus proches de chez vous.
La SCC vous renseignera également sur les grandes manifestations canines (expositions de championnat, finales dans les diverses disciplines).

Formation des chiens de recherche en décombres et des chiens de recherche de personnes égarées

Centre interdépartemental de la Sécurité civile des Hautes-Alpes
32, rue Saint-Arey
BP 100
05011 Gap Cedex

Formation des chiens d'avalanche

Centre interdépartemental
de la Sécurité civile
Préfecture de la Haute-Savoie
74011 Annecy

Club des amis du Beauceron

Président
M. René Sauvignac
294, rue du Prieuré
Beynost
01700 Miribel

Secrétaire
Mme Paul Delestre
Arbouville
28310 Janville

Responsable de l'information
Mme Couteau
17, rue Sainte-Blanche
31200 Toulouse
Tél. : 05 61 23 83 83

Au sein du Club des amis du Beauceron se trouvent diverses sous-commissions « travail » : RCI, Pistage, Agility, etc.

Belgique
Union Royale Cynologique
Saint-Hubert
Avenue A. Giraud, 98
B - 1030 Bruxelles

Suisse
Société cynologique suisse
Langgasstrasse 8
Case postale 8217
3001 Berne

Bibliographie

Dauvergne C., *Le Berger de Beauce*, Ed. De Vecchi, 1991.

Herreros J., *Le Chien d'Agility*, Ed. De Vecchi, 1992.

Luquet, Dr M., *Les Chiens de berger français*, Ed. De Vecchi, 1982.

Ortega J., *Dressage du chien de défense*, Ed. Crépin Leblond, 1979.

Räber, Dr H., *Bréviaire de l'élevage moderne du chien*, Ed. Delta Vevey, Suisse, 1979 ; rééd. 1987.

Sauvignac R., *Le Berger de Beauce*, Ed. De Vecchi, 1983.

Revues

Atout chien
(35, rue des chantiers
78035 Versailles Cedex)
Mensuel généraliste entièrement consacré aux races canines et comprenant de nombreux articles de fond.

Chiens 2000
(9-13, rue du Colonel-Pierre-Avia
75754 Paris Cedex 15)
La plus ancienne des revues canines. Mensuel généraliste entièrement consacré aux chiens. Nombreux articles de fond, annonces.

Sans laisse
(76, rue Jules-Ferry, 34400 Lunel)
Mérite son titre de magazine du sport et du chien d'utilité.

Vos Chiens Magazine
(BP 1, 26210 Lapeyrouse)
Revue spécialisée Travail et Beauté, toutes races avec tous les résultats d'expositions et de concours et de très nombreuses annonces.

Index analytique

Achevé d'imprimer en septembre 1999
à Milan, Italie,
sur les presses de Grafiche Milani

Dépôt légal : septembre 1999
Numéro d'éditeur : 6211